나는 매일 로망 합니다

나는 매일 로망 합니다

초판 1쇄 인쇄 2025년 7월 23일
초판 1쇄 발행 2025년 8월 4일

지은이 강찬욱

펴낸이 김찬희
펴낸곳 끌리는책

출판등록 신고번호 제25100-2011-000073호
주소 서울시 구로구 연동로11길9, 202호
전화 영업부 (02)335-6936 편집부 (02)2060-5821
팩스 (02)335-0550

이메일 happybookpub@gmail.com
페이스북 happybookpub
블로그 blog.naver.com/happybookpub
포스트 post.naver.com/happybookpub
스토어 smartstore.naver.com/happybookpub

ISBN 979-11-989397-6-0 03190
값 18,000원

• 잘못된 책은 구입하신 서점에서 교환해드립니다.
• 이 책 내용의 일부 또는 전부를 재사용하려면 반드시 사전에 저작권자와 출판권자에게 서면에 의한 동의를 얻어야 합니다.

나는 매일 로망 합니다

강찬욱 지음

> 프롤로그

소소한 로망과 사소한 수고

로망이란 말은 말만으로도 로망스럽다.
사전적 의미는 '실현하고 싶은 희망이나 이상'으로 나와 있다.
일단 '실현'이라는 말은 조금 거창하고,
'이상'이란 말은 마음속에서 불가능한 어떤 것에 대한
꿈속에서나 그려질 것 같은 느낌이다.

어느 혁명가의
"리얼리스트가 되자. 하지만 가슴속엔 불가능한 꿈을 꾸자."가
떠오른다.
이 말을 뒤집어보면 어떨까?
"로맨티스트가 되자. 하지만 가슴속엔 가능한 꿈을 꾸자."로
말이다.

실현 가능한 현실을 로망의 영역에 둘 수 있지 않은가.
어쩌면 로망이란 생각보다 가까이에 있는
소소하지만 사소하지 않은 것일지 모른다

로망을 단순화시키고 보다 담백하게 말하면 '싶은 것'이다.
되고 싶은 것, 하고 싶은 것.
즉, '내가 좋아하는 것'이다.

살면서 수도 없이 꿈틀대고
나의 몸을 이끌어가는 마음이다.
좋은 것을 많이 가진 사람을 부자라고 말하지만
좋아하는 것이 많은 사람이 더 행복한 부자가 아닐까?
인생의 기쁨 중 가장 큰 것은 바로 '실현의 기쁨'이다.
하고 싶은 것, 되고 싶은 것이 실현될 때의 카타르시스다.
그 크기만큼 중요한 것이 그 횟수다.

스스로에게 물어보자.
나는 무엇을 좋아하는가.
나는 좋아하는 것이 많은가.
나는 좋아하는 것을 지금 하고 있는가.

나는 로망한다.
내가 좋아하는 아주 사소한 것들을.

차례

프롤로그_ 소소한 로망과 사소한 수고 ... 4

내 마음이 머무는 곳, 그곳이 로망이다

로망을 로망으로 가두지 마라 ... 11
빠진다 ... 14
인생의 진심 ... 17
나는 무엇을 좋아하는가 ... 21
취미가 일이 되는 세상 ... 25
무엇을 물려받았는가 ... 28
버킷리스트만 리스트인가 ... 32
인생이라는 긴 취미 ... 35
어느 날 갑자기 ... 39
나는 ○○인이다 ... 42

문득, 가슴이 시키는 일

시작부터 시작하자 ... 47
미래로 미루지 말자 ... 50
말하는 것과 하는 것 ... 53
하고재비 ... 56

사랑해도 되겠습니까	60
무작정	63
부러우면 하는 거다	66
행복한 따라쟁이	69
다르게 보이는 것들	72
포기할 수 있는 용기	75
환승취미	78
나를 기록하는 힘	82
다시 좋아하게 되는 것들	86

취미가 나를 부자로 만든다

돈 없어도 부자로 살 수 있다	90
돈으로 하지 못하는 것들	93
두 번째 인생이란	97
취향은 돈으로 존중받지 않는다	100
취미라는 무기	103
나는 가진 게 많다	106
있어 보이려면 있어야 한다	109
무엇에 욕심낼 것인가	112
세상에 작은 것이란 없다	115
다른 것을 좋아하는 사람들	118
같은 것을 좋아하는 사람들	121

수많은 수집가	125
경험 부자	129
시간 안에 시간 있다	132
발견의 기쁨	136
좋아하는 것과 잘하는 것	139
나는 하고 있다	143
나는 무엇에 바쁜가	146
시간은 똑같이 흐르지 않는다	149
재능의 나이	152
숫자를 거역하자	156
쓰는 것과 남기는 것의 차이	160
진짜 퇴근	163
부지런할 필요는 없다	167
시키지 않은 짓	171
스스로 하는 스릴	174
역전과 반전	178
싫증의 역설	181
공부 그 자체	185
마음의 준비	189

사소하지만 나를 지탱해준 소중한 로망들

무엇으로 이길 것인가	193
변화를 이용하자	196
목적지향과 과정지향	199

좋아하는 것은 바뀐다	203
한때가 모여 지금이 된다	206
무계획도 계획이다	210
심심풀이라는 멋진 말	213
사람을 좋아한다는 것	216
말이 통한다는 것	219
질투는 나의 힘	222
이기적인 SNS	225
'척'은 나쁜 것인가	228
아는 만큼 즐겁다	232
그냥 네가 좋아서	235
좋아하는 것은 가까이 있다	238
인생은 산책이다	241

에필로그_ 내가 그리는 내 그림　　　244

내 마음이 머무는 곳, 그곳이 로망이다 —

로망을 로망으로 가두지 마라

로망은 주로 성별이나 나이대를 붙여 사용한다. '남자의 로망' '여자의 로망' '회사원의 로망' '주부의 로망'이 그렇고, '청년의 로망' '중년의 로망' 등이 그렇다.

남자의 로망에 대해 얘기해보자. 방 하나에 방음벽을 만들고 독일제 앰프와 영국산 스피커에서는 러시아 작곡가의 피아노협주곡이 흐른다. 벽 한면에 수백, 수천 장의 LP와 CD가 목록별로 정리되어 있는 남자의 동굴 같은 전용 오디오룸을 보고 사람들은 말한다. "이게 남자의 로망이지." 노년의 부부가 멋진 옷차림으로 해외여행을 가고 함께 골프 라운드를 하면 "저게 은퇴 후의 로망이지."라고 한다. 그러고 보면 로망은 다분히 하나의 풍경 속 인물화처럼 보인다. '100억, 200억을 버는 게 로망이지'라는 말은 어색하지만, 평사원에서 시작해 사장 자리까지 올라 기사가 운전하는 뒷자리에 앉아서 무언가를 읽는 모습은 지극히 로맨스럽다.

어느 20대 청년이 작은 자전거를 타고 일본 일주를 하는 방송 프로그램을 보고 '나도 저 나이였으면 저 모습이 나의 로망이었을 텐데'라고 생각한 적이 있다. 이제 로망을 미래 시제에 놓지 말고 현재로 가져오자. '언젠가 ~되면' 이 아니라 '지금' 해보자. 나만의 오디오룸 만들기는 지금 당장은 어려워도 음반을 하나둘씩 사 모을 수는 있지 않은가. 돈을 조금씩 모아 앰프, LP플레이어, 스피커를 하나씩 살 수도 있지 않은가. 이는 나의 로망을 향한 사소한 시도이자 수고다. 로망은 어느 순간 갑자기 실현되는 것이 아닌 아주 사소한 노력으로 쌓아가듯 이뤄가는 것이다.

거대하고 그럴싸한 '로망'에만 갇힐 필요는 없다. "이번 주 나의 로망은 5일 동안 열심히 일하고 금요일 퇴근길 집 근처 바에서 위스키 몇 잔을 마시고 토요일 정오까지 깨지 않고 자는 것이야."라고 말해보자. 로망이란 가끔 남발해도 좋은 말이다. "그냥 잠이나 좀 자려고."와는 그 뿌듯함이 다르지 않을까?

인간은 '할 일'보다 '하고 싶은 일'이 많을 때 행복하다. 좋아하는 것, 하고 싶은 것은 누가 나에게 시키는 것이 아닌 내가 나를 시켜서 하는 일이기 때문이다.

'이번 달에 할 일'을 계획하는 것과 '이번 달에 하고 싶은 일'을 짜는 것은 다르다. 이것은 인생이 원하는 '나'로 살 것인가, 내가 원하는 '인생'으로 살 것이냐의 문제다. 좋은 것보다 좋아하는 것을 찾자. 할 것보다 하고 싶은 것을 찾자. 그리고 하자.

빠진다

'빠진다'라는 단어에 한번 빠져보자. 생각해보면 나는 '빠졌을 때' 행복했다. 사람이든 동물이든 무언가에 빠져있을 때 생기가 넘친다. 빠져있어서 부지런해지고, 그 부지런함을 스스로 칭찬하며 전혀 다른 나를 발견한다. 사람이 사랑에 빠지면 왜 예뻐질까? 그것은 살아있는 삶을 살기 때문이다. 사랑이 생기를 불어넣었기 때문이다. 나는 '요즘 ○○에 빠졌잖아'라는 말을 들으면 내 앞에 있는 사람이 더 매력 있어 보인다. 그 사람의 심정을 잘 알기 때문이다. 적어도 빠진 그것에서 탈출하지 않는 한 그 순간까지는 행복할 것이라는 확신이 든다.

한때 '예쁜 양말'에 빠진 적이 있다. 진정한 멋은 '머리끝과 발끝'에서 이뤄진다고 믿을 때였다. 그것은 머리 스타일과 양말, 신발이었다. 생뚱맞게 모자를 수집하기도 했다. 그때 유난히 양말에 집착했다. 심지어 생일선물로 양말을 사달라고 조르기도 했다. 사람을 처음 만나면 양말부터 봤다. 양말이 마음에 들면 그 사람의 패션 센스를 높게 평가했다. 안 보일 듯 보이는 곳에 디테일이 있다고 믿었다. 마음에 드는 양말을 신고 집을 나서면 발걸음이 가벼웠고, 누군가 봐줬으면 하는 마음에서인지 바지 길이는 조금씩 올라갔다. 양말에 빠져있을 때 나는 살아있었고 행복했다.

사람은 무언가에 빠지면 겁부터 난다. '이렇게 쉽게 빠져도 되나?' 하며 자기검열을 한다. 나는 이런 걱정을 불필요한 신중함이라고 생각한다. 내 앞에 있는 물이 얼마나 깊은지는 빠져봐야 안다. 빠져 보지도 않고 깊이를 재기 시작하면 우리는 그 어떤 것에도 빠질 수 없다. 빠진 줄 알았는데 바로 발을 뺄 수 있을 정도로 물은 얕을 수 있고, 만만하게 보고 발을 집어넣었는데 헤어 나오기 어려울 정도로 깊은 물일 수도 있다. 중요한 것은 내가 그 물에 몸을 던지느냐 아니냐.

사우나에 가면 탕이 있다. 탕에 들어가는 모습은 사람마다 참 많이 다르다. 어떤 사람은 손으로 물 온도부터 체크하고 발만 살짝 담근다. 다리를 넣고 허리까지 들어간 후 온몸을 탕 속에 담근다.

그런데 어떤 사람은 그냥 뛰어든다. '풍덩' 소리가 나고 물이 여기저기 튀어도 아무 일 없었다는 듯 평온하게 물속에서 시간을 보낸다. 타고난 성격을 바꾸기는 쉽지 않다. 그 과정이 어떤지보다 그 과정을 겪을지 말지에 대한 이야기를 하고 싶다. 누군가는 천천히 들어가는 열탕에 누군가는 단번에 들어가고, 또 다른 누군가는 아예 들어가지 않는다. 빠져봐야 깊은지 알고, 빠져봐야 좋은지도 안다. 인생에서 '빠지려는 시도'가 꼭 필요한 이유다. 경험하지 않고 온전히 알 수 있다면 우리는 굳이 경험하려 하지 않을 것이다.

사람은 빠져있을 때 에너지가 생긴다. 빠져있는 것을 계속 좋아하기 위해 일상에서도 집중한다. 돈 버는 것에 빠진 사람이 있고, 빠져있는 무언가를 계속하기 위해 열심히 돈 버는 사람도 있다. 나는 지금 무엇에 빠져있는가? 아무것도 빠져있지 않다면 '빠지고 싶은 물'을 찾아나서자. 그 물에서 아주 오랫동안 재밌게 놀 수도 있으니까….

인생의 진심

진심은 '진짜 마음'이다. '참된 마음'이다. 반대말은 '거짓된 마음'이다. 가심(假心)이다. 너무나 명확해 보이는 두 마음이 가끔 헷갈린다. 특히 사회적 관계 속에서 살면서 어떤 것이 진심인지 왔다갔다 한다. 나는 그렇지 않은데 '그래야만 하는'이라는 의무감이 생기면 나도 모르는 내 마음이 진심인 양 올라온다. '가슴에 손을 얹고 생각해 봐'라는 말이 있는 것을 보면 꽤 많은 사람이 가짜 마음을 진짜 마음인 듯 헷갈리는 모양이다.

술을 좋아하지 않는데 와인 모임에 가는 사람이 있다. 와인을 마시면서 사람들을 만나고 그 안에서 인연을 찾는다. 물론 와인보다 사람 만나는 것을 좋아해서 '와인에 진심'인 척할 수 있다. 경험이 쌓이면 그 누구도 눈치채지 못할 만큼 와인 마니아인 척할 수 있다. 그런데 인생에서 정말 피곤한 일 중 하나가 '좋은 척'이다. 결국 참지 못하고 마음으로 고백하게 된다. 우리 마음이 자주 '진짜'보다 '가짜'를 향하는 것은 그것이 더 좋아 보이기 때문이다. 분명 내가 좋아하는 것이 따로 있는데, 그것보다 더 좋아 보이는 것을 좋아한다고 말하기 시작하면 인생에서 진심은 하나둘씩 빠져나간다.

내가 '진심'이라는 말을 좋아하는 것은 그것이 진짜 나이기 때문이다. 진심은 마음이지만 내 몸과 떨어지지 않는 내 몸 안에 있는 것이다. 물론 진심은 변할 수 있다. 예전의 나로서는 상상할 수 없는 새로운 진심도 생긴다.

언제부터인지 '○○에 진심'이라는 말이 유행처럼 쓰이고 있다. '요리에 진심' '여행에 진심' '운동에 진심' 같은 말이다. '진심으로 좋아하는 것'이 있다면 참 멋진 인생이다. 이 말은 내게 주어진 인생에 진심이라는 뜻과 같다. 그래서 '진심'은 마침표와 같다. 마음의 인증서다. 누군가에게 무언가를 고백하고 마지막에 하는 말이 "진심이야."이지 않은가. '○○에 진심'이라는 말이 꼭 하나일 필요는 없다. 서열을 정할 필요도 없다. 어쩌면 지금은 시간의 문제이며 순서의 문제이기 때문이다. '이 순간만큼은 ○○

에 진심이다'라면 족하지 않은가. 그 진심이 있다는 것만으로 행복하지 않은가.

'○○에 진심'이 지금 없다면 인생은 그리 재밌지 않고 무료할 수 있다. 그런 면에서 인생은 '진심 찾기' 또는 '진심 찾아 떠나는 여행'이다. 나의 진짜 마음을 찾아내는 것 그리고 그 진심대로 행동하는 것이리라.

진심의 진가는 보여줄 때 드러난다. 진심이라는 말은 횟수 제한이 있다. '진심이야'라는 말은 적게 할수록 진심으로 느껴진다. 반대로 '진심이야'라는 말을 많이 할수록 '진심 팔이'처럼 느껴진다. 말이 아닌 몸으로 보여줄 때 사람들은 그 진심을 믿는다. 어떤 사람이 "나는 진심으로 핑크를 좋아해."라고 말했다고 치자. 그 사람의 옷과 장신구, 그 어떤 작은 것에서도 핑크를 보여주지 않는다면 누가 믿겠는가. 진심은 보여줘야 믿는다. 그래야 진심이 진짜가 된다.

진심이라는 말에는 '진짜' 말고도 '좋아하는'이라는 의미를 품고 있다. '진짜 좋아하는 마음'이다. 진짜 마음에서 우러나와 '진심'이라고 말한다면 그것은 내가 정말 좋아하는 것이다. 내 인생에서 진심을 찾아보자. 그 진심이 어느 때 있었는지, 누구에게, 어디에 있었는지, 왜 진심이었는지, 지금은 어떤 것에 진심인지 말이다. 행복은 마음에 있다. 진짜 행복은 진심에 있다.

나는 무엇을 좋아하는가

나는 나에 대해 얼마나 알고 있는가? 하루 중 언제 나를 가장 좋아하는가? 사람들과 어떤 대화를 나누기 좋아하는가? 무엇을 좋아하는가? 우리가 스스로에 관한 질문에 바로 명쾌하게 대답하지 못하는 이유는 자신을 잘 모르기 때문이다. 더 정확히는 자신을 알려고 하지 않기 때문이다. 내가 궁금한 누군가에 대해서는 알려고 했지만 나를 아는 데는 무심했던 건 아닐까? 사실 주변 사람한테 많이 받는 질문 중 하나가 '무엇을 좋아하는지'다. 어떤 음식을 좋아하세요? 어떤 남자를(여자를) 좋아하세요? 어떤 옷을 좋아하세요? 그때마다 대답하지만 그 대답은 심사숙고한 후 나온 대답이라기보다 다소 즉흥적이다. 그래서 한번쯤 진지하게 '내가 좋아하는 것들'에 대해서 생각해볼 필요가 있다.

나는 '별'을 좋아한다. 별 모양을 좋아한다. 그래서 별 모양 셔츠나 스카프가 많다. 나는 '채'가 많다. 책이 아니라 골프채다. 쓰다만 것이든, 새것이든 골프채가 많다. 그만큼 골프를 좋아한다. 신발이 많은 사람은 돌아다니는 것을 좋아할 것이다. 남들보다 많이 가진 것이 있다면, 나는 그것을 좋아하는 것이다. 핸드폰에 음식 사진이 많은 사람이 있다. 먹는 것을 좋아하는 사람이다. 셀카 사진이 많은 사람은 자기 자신을 누구보다 사랑하는 사람이다. 선배 중에 사진 찍기를 좋아하는 사람이 있다. 카메라도 많다. 핸드폰으로도 틈만 나면 사진을 찍는다. 사람들이 모인 자리에서는 늘 타인을 찍어준다. 카메라를 들고 있는, 무언가를 찍고 있는 모습이 가장 익숙하고 가장 그답다. 그는 사람들에게 "나는 사진 찍는 것을 좋아해요."라고 아무 고민 없이 말할 것이다. 이렇게 자신 있게 말할 수 있는 것이 세 개만 있어도 우리 인생은 절대 가난하지 않다.

'내가 좋아하는 것들' 리스트를 만들어보자. '맛집 탐방'이 그중 하나라고 치자. 좀 더 깊이 들어가보자. 맛집의 어떤 분위기를 좋아하는가? 몇십 년 된 노포 식당인가? 힙한 동네의 인테리어가 돋보이는 레스토랑인가? 가기 전에 블로그나 SNS를 통해 찾는 것을 좋아하는 사람이 있고, 먹는 것보다 사진으로 찍어서 SNS

에 올리는 것을 좋아하는 사람이 있다. 소문난 맛집에 줄 서서 기다리는 내 모습을 좋아할 수도 있다. 좋아하기로 작정하면 모두 좋아할 수 있는 것들이다.

"나는 다 좋아요."라고 말하는 사람이 있다. 이 말을 구체적으로 쪼개보자. 이 말은 배려가 담긴 말이지만 다소 성의 없는 말이기도 하다. 식당에서 주문할 때 '아무거나'라고 말하는 것과 같다. 나는 테니스를 좋아한다. 야외 테니스 코트를 좋아한다. 하드코트보다는 클레이코트를 좋아한다. 복식보다는 단식을 좋아한다. 스트로크 중에서 백핸드를 좋아한다. 이렇게 세밀하게 파고들면 기쁨도 구체적으로 드러난다.

'좋아하는 것'을 좋아하기 위해서는 일단 해봐야 한다. 먹어봐야 한다. 배워봐야 한다. 해보지 않고 '나와 맞는 것'은 없다. 적어도 두 번은 해봐야 한다. 나는 첫인상만큼 '두 번째 인상'을 중요하게 생각한다. 나에게 한번의 기회를 더 주는 것이다. 어떤 사람을 봤을 때 첫인상이 별로라 이 사람은 나와는 맞지 않다고 섣불리 판단했다가 두 번째 만남에서 그 판단이 얼마나 잘못이었는지 깨달은 경험 때문이다.

다시 가면 다르다. 다시 시작하면 다르다. 새로운 취미를 시작했다면 한번에 성급하게 판단하지 말자. 어떤 취미도 단 한번 만에 그것이 가진 모든 매력을 보여주지는 못한다. '좋아하는 것'을 찾는 것은 약간의 수고가 필요하다. 그 수고가 '좋아하는 것'을 만든다.

취미가 일이 되는 세상

요즘은 유튜브를 비롯한 새로운 미디어의 영향으로 소위 '덕후'가 인기를 끌고 있다. 크리에이터라고 불리는 많은 유튜버 중에는 취미가 일이 된 예가 많다. 여행 유튜버가 그렇고 운동 유튜버도 그렇다. 어렸을 때부터 축구를 좋아해 축구에 해박한 '축덕'이 프리미어리그 경기를 논평하고 해설하는 세상이다. 무언가를 정말 좋아해서 남보다 더 다양한 지식과 경험이 쌓이면 그것이 일이 될 수 있는 세상이다. 그들을 보며 많은 사람이 '무언가를 많이 좋아하면 그것으로 돈을 벌 수 있겠다'라고 생각한다. 한편으로 맞고 또 다른 한편으로는 틀린 말이다.

무언가를 취미로 좋아할 때는 책임이 따르지 않는다. 인간은 책임에서 벗어날 때 행복을 느낀다. 반드시 하지 않아도 되는 것을 내가 좋아서 할 때는 희열을 느낀다. 그것이 일이 되면 그때부터 '좋아서 하는 일'이 '반드시 해야 하는 일'이 된다. 일을 일로 좋아한다면 더없이 행복하겠지만 취미가 일이 되면 더 이상 취미가 아니다. 일은 얻었으나 취미는 잃었다고 할까?

커피가 좋아서 바리스타 자격증을 딴다. 그리고 커피숍을 낸다. 빵을 좋아해서 제빵 학교에 다닌다. 빵집을 낸다. 빵집은 치킨집과 더불어 많은 은퇴 직장인의 로망이었다. 그런데 지금은 그 실패 경험들이 쌓이다 보니 섣부르게 도전하기 힘든 업종이 되어 버렸다. 어떤 분은 골프를 워낙 좋아해서 골프 피팅숍을 냈는데 매출이 시원치 않아 사업을 접으면서 골프채가 쳐다보기도 싫어졌다고 했다. 골프가 취미에서 일이 되자 골프를 잃게 된 것이다.

나는 일과 취미는 분리하는 편이 낫다고 생각한다. 내가 정말 좋아하는 것은 일과는 다른 독립된 공간에 있어야 한다. 어쩌면 일과 취미는 '공과 사'의 관계인지도 모르겠다. 물론 평생 '한 우물'을 파는 사람도 있다. '장인'이라고 불리는 사람들이다. 하루 종일 그것만 생각하며 그 일만 하며 보낸다. 이런 장인들의 인생은 참 단순하다. 그들은 그 일과 결혼했다고 말하고 자기 인생 자체나 전부라고도 말한다. 그들에게 작업하다가 남는 시간엔 뭐하냐고 물어보면 다음 작업을 생각한다는 대답이 돌아온다. 만약에 일로 성공하지 못했다면 취미로 성공할 수 있지 않을까? 일과 취미를 철저하게 분리한다면 말이다.

일로 성공한다는 것은 돈을 벌어야 하는 전제가 필요하지만 취미는 그렇지 않다. 그래서 일이 아닌 취미로 두각을 나타내는 사람들을 보면 그 사람이 좋아하는 것에 얼마나 진심인지 보인다. 이런 이름들을 보자. 격투기 개그맨, 캠핑 전문가 치과의사, 파충류 키우는 교사, 철봉 잘하는 공무원, 몸짱 주부 등. 이런 이름들에는 '그 직업에 비해서'라는 전제가 깔려 있다. 이를테면 '공무원이라는 직업에 비해 철봉을 잘하는'과 같은 의미가 내포돼 있을 것이다. 전문가가 아닌데 전문가 수준에 근접했다는 것은 책임지지 않아도 된다는 뜻이다. 전문가가 아니면서 경제 활동을 할 수는 없으니까.

일에 스트레스를 많이 받는 사람일수록 일과 상관 없이 좋아하는 것이 있어야 한다. 일 고민을 퇴근길에 따라오게 하고 직장 밖에서도 직장처럼 살아가는 사람은 일과 거리를 두어야 한다. 사람은 정말 좋아하는 것을 할 때면 아무 생각이 없어진다. 현실의 고민과 걱정을 잠시 멈추고 벗어나게 돕는 것이 바로 '취미'다.

무엇을 물려받았는가

유럽은 많은 곳이 축구의 나라다. 축구 클럽의 나라다. 선술집(Pub)에서 맥주 마시며 팀을 응원하는 것은 일상을 넘어서 일생이다. 이들은 응원하는 축구팀도 물려받는다. 주로 아버지에게 물려받는다. 아버지가 프리미어리그 팀이 아닌 2부 리그, 3부 리그 팀을 응원하면 아들도 그 팀을 응원하고, 아버지가 맨시티 팬이면 아들도 맨시티 팬이 된다. 아버지 덕분에 트레블(유럽 챔피언스리그, 프리미어리그, FA 컵을 한 시즌에 우승하는 것)을 기록한 최고의 팀 팬이 된다. 아버지는 아버지의 아버지에게 물려받았을 것이다. 어느 영국 방송인은 아버지는 웨스트햄 팬인데 자신이 아스널 팬이 되자 아버지가 엄청 실망하고 서운해했다고 한다. 한국도 아버지가 기아나 롯데 팬이면 자녀도 아버지가 응원하는 팀을 따르지 않는가.

부모에게 물려받은 것을 유산이라고 한다. 유산은 그 부피가 방대하다. 부모한테 '아무것도 물려받은 것이 없다'라는 말은 부모에 대한 원망이나 본인의 독립적인 인생에 대한 위로에 불과하다. DNA는 실로 놀랍다. 골프 황제 타이거 우즈에겐 아들 찰리 우즈(2009년생)가 있다. 이 둘이 라운드하는 모습을 보면 프리샷 루틴, 걸음걸이, 퍼터에 기대어 서 있는 모습, 홀컵에 들어간 공을 꺼내는 행동까지 정말 닮았다. 굳이 같은 빨간 셔츠를 입지 않아도 영락없는 아버지와 아들이다. 아버지가 역사상 위대한 골퍼 중 한 명이니까 태어나면서부터 골프와 함께 자랐을 것이다. 아버지의 경기를 지켜봤고 사람들이 아버지에 대해 칭송하고 언급하는 것들을 들었을 것이다. 어느 날 아버지 타이거를 따라간 드라이빙 레인지에서 아들 타이거는 아버지처럼 골프를 배우고 골프에 빠졌을 것이다. 아버지가 '좋아하는 것'을 자연스럽게 물려받는 과정이다. 물론 찰리 우즈는 엄청난 재산도 물려받을 것이다. 아버지만큼 유명해지지 않더라도 '타이거 우즈의 아들'이라는 명성도 골프가 존재하는 한 받을 것이다. 하지만 찰리 우즈가 물려받은 것은 바로 찰리 우즈 몸 안에 있는 '타이거 우즈'다. 재산이 아닌, 명성이 아닌 아버지의 재능을 물려받은 것이다.

어느 유명인은 자녀에게 '여행'을 유산으로 남겨주고 싶다고 했다. 여행이란 기억이고 추억이다. 여행을 남겨주고 싶다고 한 것은 단순히 좋은 추억이나 이야기를 물려주고 싶다는 말은 아닐 것이다. 여행은 낯설고 새로운 경험의 저장고다. 새로운 경험을 물려주고 싶고 그 경험들을 통한 성장을 물려주고 싶은 것이다. 부모가 좋아하는 것을 물려주고 자녀도 좋아하게 되면 할 말이 많아진다. 적어도 간단한 안부가 대화의 전부인 부모자식간은 아니다. 같은 팀 유니폼을 입고 야구장을 찾은 아버지와 아들, 딸을 보자. 그사이에 얼마나 많은 대화가 오고 갈 것인가.

인간은 본디 '같은 것을 좋아하는 사람'끼리 좋아진다. 같은 것을 좋아하는 사람끼리 잘 통하고 대화도 잘 오간다. 내 곁에 있었던 사람, 영원히 옆에 있을 거 같은 사람과 멀어지는 느낌을 받는다면 그 사람이 좋아하는 것을 좋아해보자. 좋아하는 것이 어긋나기 시작하고 다른 방향으로 흘러가면 관계는 점점 소원해질 수 있다.

사회생활도 마찬가지다. 프로야구팀을 운영하는 기업 계열사 사장님은 야구에 완전 문외한이었으나 임원이 되고 회장님과 만나게 되면서부터 야구를 좋아해야 했다. 결국 선수들의 타율까지 회장님께 말할 수 있을 정도로 야구 덕후가 되었다. 윗사람과 취미가 같으면 소통의 기회는 많아진다. 때론 상사가 좋아하는 것을 물려받기도 한다. 친구나 선배에게 물려받기도 한다. 쓰던 테니스 라켓이나 캠핑 장비를 물려받으면서 새로운 취미가 생긴다. 부모자식이든, 선후배 사이든, 사람과 사람 사이엔 좋아하는 것들로 이어진다. 그리고 그 사이에는 사람이 있다.

버킷리스트만 리스트인가

버킷리스트는 사형을 뜻하는 'kick the bucket'에서 유래했다. 죽기 전에 꼭 가봐야 할 곳, 꼭 해야 할 일을 목록으로 만들어보는 것인데 한때 유행했다. 〈버킷리스트〉라는 영화도 있었다. 무언가를 '목록으로 만드는 것'은 인생을 살면서 참 유용한 일이다. 평소 생각했던 것을 적어보는 과정인데, 때로는 적으면서 몰랐던 내 생각을 끌어내기도 한다. 일기를 쓰면서 그날의 감정이 떠오르는 것과 비슷하다. 하고 싶은 것을 글로 쓰면 마음은 다짐이 되고 그 리스트에 행동력을 불어넣어 준다.

버킷리스트가 죽기 전에 해야 할 일이라면, 좀 더 단기간에 하고 싶은 것들을 적어보는 것도 좋다. 20대에, 40대에, 60대에 하고 싶은 것처럼 10년 안에 했으면 하는 일을 글로 적거나 '이번 봄에

할 일'을 목록으로 만들어도 좋다. 물론 모든 게 생각대로 되지는 않는다. 중요한 것은 일단 목록을 만들어보는 실천이다.

'배움 리스트'를 한번 적어보자. 악기를 배우고 싶다면 어떤 악기인가. 일렉트릭 기타인가 아니면 해금 같은 전통악기인가. 가구 만들기도 배우고 싶고, 한옥 짓기도 배우고 싶다. 수제 맥주를 직접 만들어서 마신다면 얼마나 좋을까? 배우려고 마음만 먹는다면 그렇게 어렵지 않은 세상이다. 일주일에 한 번 토요일 저녁만큼은 정말 맛있는 것을 먹고 싶은 사람은 '토요일 저녁 식사 계획'을 만들어볼 수 있다. 외식이든 직접 요리해서 먹는 것이든 적어 보는 것만으로도 이미 식탁의 행복을 느끼리라.

목록 작성 중에 가장 일반적인 것은 '가고 싶은 곳 리스트'다. 나는 우리나라에 있는 모든 골프장에 가보고 싶었다. 대한민국에는 골프장이 500여 곳 있다. 그러기로 작정하는 순간 대한민국은 생각보다 넓어지고 골프장은 많아진다. 목표를 세우고 열심히 다녔다. 새로운 코스에 가는 것을 새로운 사람을 만나듯 좋아했고, 새벽 운전이나 장거리 운전도 마다하지 않았다. 부지런히 다녔는데 아직 반도 못 가봤다. 제주도에는 골프 코스가 29개 있다. 제주도를 좋아하고 골프도 좋아하니 골프하러 제주도에 가기도 했고, 제주도에 놀러 갔다가 18홀을 돌기도 했다. 그렇게 가본 곳이 26개 코스다. 앞으로 3개가 '제주 골프장 정복 리스트'다.

목록을 적다 보면 하고 싶은 것들이 많아진다. 마구 적어 놓고 그중에 10개, 7개, 5개를 간추리는 과정도 재밌다. 그러다 보면 가장 절실하게 하고 싶은 것들의 순서가 나올 테니까. '혼자 하고 싶은 것들 리스트'를 적어보는 것은 어떨까? 누군가와 함께하는 것과 혼자 하는 것은 완전히 다르다. 온전히 나에게 집중하고 가장 이기적인 소망만을 적어본다면 내가 어떤 사람인지 재발견할 수도 있다. 가족, 지인과 함께하는 행복이 있다면 '혼자로서의 행복'도 분명 찾을 수 있다.

'가고 싶은 도시 리스트'도 써보자. 많이 말고 일곱 곳만 써보자. 한국과 외국을 통틀어서 써도 되고 나눠서 써도 된다. 생각해보면 대한민국에도 제대로 가보지 못한 도시가 많다. 말로는 뉴욕을 얘기하고 도쿄를 얘기하는데 대한민국의 큰 도시도 아직 잘 모른다. 하고 싶은 것을 적는 것이 목록이지만, 내 경험이 얼마나 얕은지 깨닫는 과정이다. 나는 무엇을 했지? 내가 원하는 것을 하고 살았나? 해야 할 목록을 꽉 채우다 보면 이미 해본 리스트는 왜 이리 빈약해 보이는지….

인생이라는 긴 취미

어느 패션 브랜드의 광고 카피 '인생을 캐주얼처럼'이란 말을 좋아한다. 인생을 너무 진지하고 심각하게 살지 말자는 이야기를 브랜드의 정체성에 맞춰 쓴 카피다. '인생을 정장처럼'이나 '인생을 포멀하게'라는 광고 카피였어도 좋아했을 테지만, 내 성향은 옷을 너무 잘 차려입을 필요는 없다에 가깝다. 누구나 삶은 고단하다. 모든 것을 다 가진 듯 보이는 사람도 각자의 삶을 사는 고단함은 있다. 인생은 희로애락을 무한 반복한다. 마치 유튜브 알고리즘의 추천 영상처럼 고난은 또 다른 고난을 낳고 같은 종류의 고통이 계속 이어진다.

그럼에도 인생을 살 만하게 하는 것은 '재미'다. '인생은 살 만하다'라는 말은 매우 거창하게 들릴지 몰라도 실제로는 사소한 재미에서 비롯된다. 행복은 멀리 있는 게 아니라고 웅변하듯 외치지만 우리의 시선은 늘 먼 곳을 향하고 있다. 작은 것들의 촘촘한 연결이 아닌 거대한 하나의 덩어리로 본다.

'인생을 캐주얼처럼'이란 말처럼 '인생을 취미처럼' 살아보면 어떨까? "먹고 살기도 바쁜데 무슨 취미? 일단 생계부터 해결하고!"라며 반론할 수 있다. 물론 먹고사는 문제는 인간에게 가장 중요한 첫 번째 과제다. 태어날 때부터 온몸을 짓누르고 있는 운명이다. 하지만 먹고사는 것만이 인생의 전부라면 너무 슬프지 않은가? 모든 사람의 인생은 즐거울 권리가 있고 그럴 만한 자격이 있다. 단순히 생계를 유지하는 일에 재미를 느끼기는 어렵지 않을까?

가끔 삶을 '살아낸다'라고 말한다. 인생이란 난제를 표현하는 말이지만, 나는 이 말에 동의하고 싶지 않다. 인생을 숙제하듯, 과제물 내듯 피동적으로 살아서야 되겠는가. 인간의 인생이지 인생의 인간은 아니지 않은가. 인생을 재밌게, 즐겁게 사는 사람들은 대체로 능동적이다. 수동적 인간형을 거부한다. 새로운 것에 도전을 주저하지 않고 적극적이다. 그런 면에서 취미는 어떤 '기호(taste)'에서 출발하는 것처럼 보이지만 용감함의 발로다.

나는 가끔 인생을 취미 중심으로 계획해본다. 10대에는 운동에 미쳐 있었다. 공으로 하는 모든 운동을 경험했다. 신기한 것은 그렇게 운동으로 땀을 흘렸음에도 나머지 시간엔 미친 듯이 읽고 듣고 봤다. 20대에는 잡기에 몰입했다. 남들이 하는 건 다 했다. 기타에서 카드, 바둑, 장기까지 여기저기 기웃거렸다. 30대 때는 골프에 홀릭했다. 당시의 노력에 비하면 지금 골프 실력은 허망하기 그지없을 정도로 많은 시간을 골프에 바쳤다. 40대는 수집의 시대였다. 음반을 모았고, 빈티지 시계를 수집했고, 만화책들을 끌어모았다.

50대인 지금은 글쓰기에 몰입하고 있다. 당연히 나는 글 써서 생활하는 전업 작가가 아니고, 누가 글을 쓰라고 하거나 써야만 한다고 지시한 적은 없다. 글쓰기는 나의 취미가 되었다. 나의 재미다. 60대에는 무언가를 만들고 싶다. 작은 가구여도 좋고, 작품이라고 할 수 있는 공예품이어도 좋다. 힘쓰는 일을 해보고 싶다. 10대에 운동하며 땀을 흘렸듯 또 무언가에 땀을 흘리고 싶다. 70대가 되면 혼자 캠핑을 다니고 싶다. 바이크도 타고 싶다. 전 세계의 골프 코스를 돌아다니며 라운드도 하고 싶다. 하고 싶은 것은 늘 많다. 인생을 생계의 연속으로 살고 싶지는 않다. 취미의 연속, 재미의 연결로 살고 싶다.

인생을 사는 동안, 취미를 놓지 말자. 좋아하는 것을 포기하지 말자. 항상 좋아하는 것이 있는 삶을 살자. 좋아하는 게 없으면 그 인생은 좋아질 수 없다.

어느 날 갑자기

세상의 수많은 질문 중에 가장 갑작스러운 것이 '갑자기 ○○된다면?'이다. 예를 들면, '어느 날 일어났더니 갑자기 억만장자가 된다면 가장 먼저 하고 싶은 일은?' 같은 것. 보통 실현 가능성이 별로 없는 일들에 '갑자기'가 쓰인다. 만일 '갑자기'가 불가능한 사건이 아니라 감정이라면 어떨까? 예를 들어, '갑자기 ○○를 좋아하게 됐어' '어느 날 갑자기 무언가가 하고 싶어졌어. 배우고 싶어졌어' 같은 것은 정말 '갑자기'일까? "갑자기 짜장면이 먹고 싶어서…"라면 그게 정말 '갑자기'였을까? 혹시 전날 본 영화나 TV나 먹방에서 누군가 짜장면 먹는 장면을 봤던 건 아닐까? 혹은 누군가 짜장면이란 단어를 언급한 건 아닐까? 의식 속에 무언가 꼬투리가 투입돼서 무의식처럼 나오는 건 아닐까? 이 말을 하는 이유는 '갑자기' 생긴 감정을 깎아내리지 말자는 이유에서다.

'어느 날 갑자기'라고 말하고 썼다고 해서 그 감정이 즉흥적이거나 충동적이라고 우습게 보지 말자는 뜻이다. '갑자기'라는 감정은 우리가 생각하는 것보다 계산적이고 기승전결이 명확한 논리정연한 감정일지 모른다. 다만 어느 한순간에 튀어나왔으므로 우리는 그것을 지속 가능하지 않은 일시적인 감정으로 치부하기 쉽다. 곧 사라질 감정이라고 생각하면, 시간이 지나면 없어질 것이므로 무시해도 된다고 생각할 수 있다.

나는 '갑자기 ○○하고 싶어졌어'라는 감정은 진짜 원하는 솔직하고 지속적인 감정이라고 생각한다. 어느 날 갑자기 바다가 보고 싶어졌다. 그 바다는 갑자기 보고 싶어진 게 아니다. 언제부터인지는 모르지만 꽤 오래전부터 생각했던 바다다. 적어도 보고 싶다고 말하는 그 순간보다 이전부터 쌓인 감정이다. 감정의 흐름은 결코 '갑자기'가 아닐 수 있다. 그래서 갑자기 무언가를 하고 싶다는 생각이 들면 꼭 해보라고 권한다. 사람은 하고 싶은 것을 해야 행복하다. 그것이 '갑자기 하고 싶었어'든 '예전부터 하고 싶었던 거야'든….

'어느 날 갑자기'는 뭔가 특별한 스토리텔링을 기대하게 하는 드라마 예고편 같은 말이기는 하다. '갑자기 하고 싶어졌어' '갑자기 좋아졌어' 같은 '갑자기'가 많다면 그런 인생은 심심할 틈이 없을 것 같다. '갑자기' 대신 좀 더 문학적인 '문득'이란 말로 바꿔보자. '어느 날 문득' 그곳에 가고 싶어졌어. 나에게 '어느 날 문득' 가고 싶은 곳은 제주도다. 바다가 생각나면 '문득' 제주도에 가고 싶어진다. TV에서 해산물을 봐도, 낚시하는 모습을 봐도 제주도가 생각나고, 먹방에서 삼겹살 먹는 장면을 봐도 제주도 흑돼지가 생각난다. 갑자기, 문득 이런 생각이 자주 드는 걸 보면 이미 마음속 수많은 요구 중 가장 탄성이 높은 스프링처럼 갑자기 튀어나올 준비를 하고 있는지 모르겠다.

좋아하는 사람도 그렇다. '어느 날 갑자기' 그 사람이 잘생겨 보이거나 예뻐 보였다. '어느 날 갑자기' 그 사람을 좋아하게 됐다. 어쩌면 이런 말들은 결과에 대한 격정적인 감정의 묘사일 수 있다. 그 '어느 날'까지, 그 사람이 좋게 보이는 날까지 호감의 수위는 아주 조금씩 꾸준하게 올라갔을 것이다.

'어느 날 갑자기'를 무시하지 말자. 이 감정을 무시하지 말자. 하고 싶은 것, 좋아지는 것, 보고 싶은 것들을 일시적이라고, 그래서 지금만 지나가면 없어질 것으로 생각하면서 하지 않는다면, 어느 날 내 안에서 '갑자기'라는 말이 '갑자기' 없어질지 모른다.

나는 ○○인이다

사람은 부모님이 지어주고 물려준 이름과 별도로 여러 이름으로 산다. 아버지란 이름으로, 엄마란 이름으로, 팀장이란 이름으로, 친구란 이름으로 산다. 누구는 시인으로 살고 선생님으로 살고 주부로 산다. 그 이름은 하나밖에 없는 진짜 이름을 빛나게도 하고 그 이름 위에 무게로 올라타 짓누르기도 한다.

언제부턴가 '○○인'이라는 말이 생겨나기 시작했다. 프로그램명인 '자연인'은 이제 자연과 친구가 되어 인생을 보내고 있는 사람들을 부르는 일반명사가 되었다. 연예인은 아니지만 마치 연예인처럼 가끔 방송에 출연하는 연예인 반, 일반인 반의 '연반인'이라는 말은 2020년대 초반에 등장했다. 어린이의 '린이'라는 두 글자를 붙여서 초보를 뜻하는 '○린이'는 모든 분야에 붙이는 만능 치트 키 같은 말이 되었다. 등산의 프로를 일컫는 '전문 산악인'이란 말이 있지만 요즘은 흔히 '등산인'이라 부르고, 등산을 막 시작한 사람은 '산린이'라고 부른다.

예전에는 그 일을 업으로 삼은 사람을 '○○인'이라고 불렀다. 음악을 업으로 삼는 사람을 '음악인'이라고 했지, 음악을 좋아하는 사람을 '음악인'이라고 하지는 않았다. 법조인이란 말도 교육인이란 말도 작가나 의사처럼 뒤에 '가'나 '사'가 붙는 말이었다. 그런 기준으로 보면 나는 경력 30년의 '광고인'이다. 하지만 나는 골프를 좋아하는 '골프인'이기도 하고 '여행인'이기도 하다. 오디오를 좋아하고 음악을 좋아하는 '음악인'이다. 읽고 쓰기를 좋아하는 '문학인'이고, '산책인'이다. 다큐멘터리를 좋아하는 '다큐인'이고 만화를 사랑하는 '만화인'이다. 푸른 자연도 좋아하지만 도시의 골목을 좋아하는 '골목인'이다.

나는 '일반인'이란 말이 불편하다. 미국과 한국의 대통령 선거 캠페인에 쓰였던 '보통 사람들(Ordinary people)'이란 말에도 약간의 반감이 있다. 일반인이 아닌 사람들은 '특별인'인가? 비슷한 맥락으로 '일반고'란 말도 불편하다. 물론 일반고와 특목고를 구분하려는 취지겠지만, 왠지 '일반'은 맨 밑에 깔려 다른 것들을 돋

보이게 하는 받침석처럼 느껴진다. 일반인이 아닌 그냥 사람이며 일반 고등학교가 아닌, 그냥 고등학교 아닌가?

그런 의미에서 '일반인'이란 아무 취향 없어 보이는 이름이 아닌 어떤 ○○인으로 살 필요가 있다. 아침에는 '헬스인'으로 살고, 점심에는 '미식인'이나 '식도락인', 식사 후엔 '커피인'으로, 퇴근 후에는 '맥주인'으로 산다고 생각하자. 주말엔 몇백 킬로미터를 운전하는 것도 마다치 않는 '캠핑인'이고 '서핑인'이다.

많은 사람이 특히 아저씨들이 '자연인'을 꿈꾼다. 내 주변에도 처음엔 농담처럼 들렸는데 얘기하다 보면 꽤 구체적인 계획이 있는 이들이 있다. 숲과 나무와 맑은 공기 속에서 계곡을 품은 자연 일부가 되어 살아가고 호흡하는 삶, 도시에서 업무와 세파에 찌든 아저씨들이 동경할 만하다. 인생의 3분의 2를 '도시인'으로, 3분의 1을 '자연인'으로 사는 것은 참 멋지지 않은가. 물론 그 방향이 반대여도 재밌을 것 같다.

인생을 부자로 살려면 여러 ○○인으로 살면 된다. 그것이 직업의 이름이라면 '참 고단한 인생 여정이었겠구나' 하겠지만, '좋아하는 것'으로 명명하는 것들이면 누구보다 인생을 풍부하게 산

'화려한 연대기' 같은 것이리라.

한번 생각해보자. 나는 몇 명의 '○○인'으로 살았는가? 앞으로 어떤 '○○인'으로 살아볼 것인가?

문득, 가슴이 시키는 일 ──

시작부터 시작하자

'와인 열풍'이 불었던 적이 있다. 곳곳에 와인바들이 생기고 대형 마트에서도 다양한 국가의 와인을 판매하기 시작했다. 소주와 맥주, 양주가 주였던 대한민국으로서는 무척 낯선 풍경이었다. 하지만 그 속엔 '와인'이 주는 '있어 보이는' 클래스가 존재했다. 모임에 초대되었을 때 와인 한 병 들고 가는 모습은 고급스러워 보였다. 와인 리스트를 보며 소믈리에와 추천 와인에 관해 대화할 때는 말투부터 달라져 있었다. 유럽 나가면 만 원 미만의 와인이 얼마나 많은지, 와인은 그저 그들의 일상 술일 뿐이라고 누군가 알려줘도 우리에게 와인은 하나의 고급스러운 문화가 되었다.

나도 와인을 시작했었다. 이전에도 마셨지만, 그것은 마신 것이고 본격적으로 '와인'을 시작했다. 일단 책을 샀다. 쉽게 읽을 수 있는 만화책을 샀고, 좀 어려운 책도 샀다. 품종부터 외웠고 산미도 암기했다. 이름이 어떻게 생겨났고, 유명 와이너리의 이름과 세계 유명 와인 등을 외우고 써먹었다. 조금 지나니 와인 열풍은 잠잠해지고 막걸리 열풍이 불었다. 외국 관광객들이 한국에 와서 막걸리를 찾을 정도로 대한민국 막걸리의 위세는 대단했다. 나는 와인을 잠시 접고 막걸리를 시작했다. 단순해 보이는 술이지만, 알고 싶은 것도 많고 전국적으로 유명한 것들도 많았다. 무언가를 시작하면 제일 먼저 공부부터 시작했다. 맥주도 그랬고 싱글 몰트 위스키도 그랬다. 그냥 좋아서 마시는 것과 좋아하는 것을 공부하고 깊이 있게 좋아하는 것은 다르다. 알고 싶어지면 단순해 보이는 것들 속에 깊은 우물 같은 세계가 보인다. 그런 의미에서 나는 '술'만으로도 몇 가지 '시작'을 한 셈이다.

'시작'이란 말은 왠지 구호처럼 들린다. 학창 시절 달리기의 출발을 알려주는 호루라기나 총소리처럼 느껴진다. 뒤에 실행이 뒤따르는 언어다. "또 시작이네…"라는 말이 있다. 부정적인 의미로 쓰일 때도 있지만, 뭔가 불굴의 의지를 품고 있는 다이내믹한 말처럼 들리기도 한다. 새로운 사업을 계속 시작하는 사람이 있다. 주변에서는 제발 사업 말고 월급 받는 평범한 직장인으로 살기를 바라지만 끊임없이 새로운 일들을 도모한다. 틈만 나면 '시작'하는 사람이다.

'시작했으면 끝을 봐야지'라고 말하는 사람도 있지만, 끝을 보지 않는 시작이라도 시작을 많이 하는 사람들에게 존경을 보낸다.

만날 때마다 그렇게 오랜만도 아닌데 "나, 뭐 시작했잖아…"라고 말하는 사람이 있다. "또? 예전에 하던 그건 어쩌고?" 이런 종류의 대화다. 누군가는 그 사람의 변덕스러움을, 끈기 없음을 책망할지 모르겠다. 하지만 시작 개수는 인생 속의 작은 마디고 굴곡이다. 그것이 오랜 시간을 거쳐 계획하고 준비한 '시작'이든, 얼떨결에 하게 된 '시작'이든 '시작'의 가장 큰 의미는 바로 '시작'이다. 한 해를 시작하고 계절이 시작되고, 매일매일 새로운 하루를 시작하는 것은 우리에게 새로운 것들에 도전하라는 자연의 신호다. 그럼에도 늘 그렇게 아무 시작 없이 똑같이 살 것인가?

'시작'을 많이 하는 사람은 더 많은 장면의 시간을 산다. 중간에 멈춘 곳이 더 이상 갈 수 없는 곳이 아니라 새로운 출발선이 된다. 시작을 주저하면, 그래서 시작하지 않으면 아무것도 얻지 못한다. 물론 아무 일도 일어나지 않는 인생을 살고 싶은 사람도 있으리라. 무슨 일이든 일어나기를 원한다면, 일단 시작하자. 시작을 시작하자.

미래로 미루지 말자

인생은 시간으로 나눈다. 청년, 중년, 노년으로 분류한다. 소형도 중형도 아닌 차를 준중형이라고 부르는 것처럼 애매한 시기는 청소년이나 중장년 같은 말로 나눈다. 또 시간을 10년으로 분류해서 10대부터 4, 50대를 거쳐 요즘엔 8, 90대까지를 말한다. 아마 인간의 수명이 지금보다 더 길어지면 110대라는 말이 생기지 않을까? '초, 중, 고, 대'라는 학제로 나누기도 하고, 직장생활 하는 사람은 신입, 팀장, 임원 같은 직급으로도 나눈다. 이렇게 나누는 시작에 맞춰 우리는 계획을 세운다. 예를 들면, '대학에 들어가면' '임원이 되면' '은퇴하면' 같은 말들이다. 그런데 이 계획들이 계획처럼 잘 이뤄지지 않을 때가 많다. 왜 그럴까? 여러 가지 이유가 있겠지만, 계획만 세우고 그 계획을 위해 지금 해야 할 일을 하지 않기 때문이다. "은퇴하면 전원주택에서 농사지으면서 편하게 살려고…"라고 말하면서 그 편함을 위해 지금 얼마나 열심히 살아야 하는지 망각한다.

가끔 인생 계획은, 특히 장기 플랜은 지금 할 수 없는 것들을 계획이라는 이름으로 미뤄놓을 때가 있다. 오늘을 미래로 미룬다. 인생은 하루하루가 다르지만 매년 비슷한 것이 또 인생이다. 지금의 나와 10년 후의 내가 엄청나게 달라져 있을 거 같지만 별 차이 없는 게 인생이다. 인생에서 후회하는 많은 것 중 하나가 '그때 했더라면…, 조금 일찍 시작했더라면…'이다. 뒤로 미뤄놓은 일들이 그 시간이 되었을 때 더 좋은 상황이라는 보장이 없다. 지금 내가 하고 싶은 것이 있다고 가정하자. 그런데 여러 가지 여건이 지금은 할 수 없다고 판단하고 '상황이 나아지면, 지금보다 덜 바빠지면'이라고 미래로 미뤄놓는다. 그러다 보니 '차라리 그때가 나았네'라고 생각할 수 있다.

하기 싫은 것, 좋아하지 않는 것을 미룰 수는 있다. 공부도 그렇고 일도 그렇다. 물론 하기 싫은 것들을 미루지 않고 그때그때 잘하는 사람이 유능하다는 소리를 듣고 성공할 확률이 높은 세상이다. 하지만 내가 정말 좋아하는 것들은 내일로 내년으로 10년 뒤로 미루지 말자. 그때는 더 이상 미룰 시간이 없어서 아예 기회조차 없을지 모른다. 누군가 어느 글에서 "핑계로 성공한 사람은 김건모밖에 없다."라고 한 적이 있다. 좋아하는 것이 없는 사람, 좋아하는 것을 하려고 하지 않는 사람들의 가장 대표적인 핑계는 '결핍'이다. '○○이 없어서'다. 시간이 없어서, 돈이 없어서, 아이 돌볼 사람이 없어서, 같이할 사람이 없어서 등. 어쩌면 지금이 가장 덜 없는 때, 이런 결핍은 우리가 극복해야 하는 당연한 숙명 아닐까?

나는 '쪼갠다'라는 말을 좋아한다. 시간을 쪼개면 시간이 생긴다. 돈을 쪼개 쓰면 다른 것을 할 수 있는 돈이 생긴다. 쪼개면 지금 무언가를 할 수 있는 여유가 생긴다. "오늘 할 일을 내일로 미루지 말자."라는 역대급 금언을 우리가 잘 못 지키는 것은 그것이 '일'이기 때문이다. 만일 '오늘 할 좋아하는 것을 내일로 미루지 말자'라면 굳이 말할 필요가 있을까? 지금은 '과거의 미래'였다. 그 어떤 과거도 미래가 아닌 적은 없다. 지금 하고 싶은 것을 하자. 미래로 미루지 말자. 미래를 미리 하자.

말하는 것과 하는 것

예전 직장 선배는 '했는데'라는 별명이 있었다. 당시 팀장님이 지어준 것이었다. 업무를 점검할 때마다 돌아온 답변이 "하려고 했는데…"여서 그렇게 불렀다. 지금 생각해보면 꽤 인사이트가 있는 명명이었다. 내가 만일 그런 별명을 가졌었다면 내 인생의 흑역사로 여기지 않았을까? 그때는 그저 재밌는 별명이라고만 생각했는데, 많은 것을 생각하게 하는 '했는데'이다. 하려고 했는데 못했다는 것은 일단 실천적이지 못하다는 말이다. 마음은 먹었는데 몸이 움직이지 않았다는 이야기고, 못한 것에 대한 후회와 미안함도 있는 듯하다. 누군가 이런 의미의 별명을 갖고 있다면, 일단 게을러 보인다. 그리고 변명처럼 들린다. 믿을 만한 사람으로는 보이지 않는다. 결국 말만 앞서는 사람 아닌가.

인간은 마음이 앞서는 사람과 몸이 앞서는 사람이 있다. 말이 앞서는 사람들은 계획 세우기를 좋아한다. 과하게 표현하면 말하기 위해 계획하는 게 아닐까 싶을 정도로 '~할 것이다'라는 말을 자주 한다. 무언가를 하겠다고 말만 해놓고 안 하기를 반복하면 습관이 된다. 계획적이 아닌 '계획만'인 사람이다. 이런 사람들은 약속도 자주 어긴다. 말로만 '등산 가자' '여행 가자' '공연 보러 가자' '밥 먹자' '운동하자'라고 한다. 정작 그날이 다가오면 이런저런 변명을 대며 후일로 미룬다. 미루다 보면 결국 안 하는 것으로 끝난다.

신중한 사람들은 무언가를 실행하기 위해 여러 단계를 거친다. 일단 마음먹기도 쉽지 않고 마음을 먹었다고 해도 이를 점검하고 의심하고 확신하고 계획으로 세우는 단계를 거쳐야 실행한다. 신중하면 실패 확률을 낮추긴 하겠지만 지나치게 재다가 옆으로 지나가는 기회도 많다.

무언가를 하겠다고 말만 하고 안 할 때 그 말을 빈말이라고 한다. 빈말은 얼마나 그 말을 공허하게 하는가. 빈말을 많이 하는 사람의 성품은 또 얼마나 허망하게 보이는가. 어떤 것을 좋아하는 것은 마음이 아니라 행동이다. 어떤 음식을 먹어보지 않고 좋아한다고 말할 수는 없다. 산에 가지 않고 등산 좋아한다고 말할 수 없는 것처럼, 좋아하는 것은 경험해봐야 좋아하는 것이 된다. 누군가 내게 와서 '앞으로 이런 걸 하려고'라고 설명하며 의견을 구할 때마다 나는 "지금 말하는 시간에 그냥 해."라고 말한다. 이 말에는 '너 또 말만 하고 안 하려고 그러지?'란 마음이 담겨 있다. 이런 대화는 늘 이렇게 끝난다. "일단 하고 말하자."

반면 아무 말 없이 저질러보는 사람들이 있다. 한 선배가 한동안 뜸하길래 주변에 물어보니 스킨스쿠버에 빠져있다고 했다. 오랜만에 만났더니 스킨스쿠버에 반전문가가 되어있었다. 나는 이런 사람을 존중한다. 일단 저지르고 보는 사람, 하고 보는 사람이다. 꿈은 꾸는 것이 아니라 하는 것이다. 좋아하는 것도 해야 좋다. 그런 면에서 나이키의 슬로건 'Just do it'은 내 좌우명이기도 하다.

인간에게 가장 공평하게 주어진 것이 시간이지만 그 시간은 우리를 기다려주지 않는다. 시간이 지나면 우리는 아무것도 못한다. 그래서인지 철저한 준비라는 말보다 어설픈 시작이라는 말을 사랑한다. 사람도 만나야 무슨 일이든 생긴다. 만나자고 말만 해서는 아무 일도 생기지 않는다. 그곳에 가야 하고 그것을 해야 한다. 말하는 것과 하는 것은 다르다. 말은 하는 것이 아니다.

하고재비

아저씨들이 많이 보는 프로그램 중에 〈나는 자연인이다〉가 있다. '왜 이 프로그램을 좋아할까?'라는 생각해본 적이 있다. 여러 가지 이유가 있겠지만, 그중 첫 번째는 '자유'가 아닐까? 어느 광고 카피처럼, '하고 싶은 것을 할 자유, 아무것도 하지 않을 자유' 말이다. 다소 궤변처럼 들리겠지만 가장 하고 싶은 것이 아무것도 안 하고 싶은 것일 수도 있으니까. 혼자 섬에 사는 어느 출연자는 "나는 하고재비였다."라고 했다.

'하고재비'가 뭐지? 짐작은 갔지만 처음 듣는 단어였다. 사전에는 '1. 무슨 일이든지 안 하고는 배기지 못하는 사람을 일컫는 경상도 말, 2. 무슨 일이든 하려고 덤비는 사람을 일컫는 경상도 말'이라고 나와 있었다. 자연인의 고백은 '하고 싶은 것이 많아서 이것저것 다

해봤는데, 그중 아주 잘한 것은 없었다'였다. 하고재비라는 말을 찾다가 보니 '간잡이'라는 말도 알게 되었다. 사전에 있는 단어는 아니지만 '간만 보는 사람'이라는 뜻이다. 굳이 말하자면, 하고재비의 반대편에 서 있는 말이라고나 할까?

하고 싶은 것은 해야만 하는 사람과 간만 보는 사람의 차이는 엄청나다. 간만 보면 언제 요리가 완성되겠는가. 내 마음의 간을 본다고 해보자. 내가 이것을 정말 좋아하는 것인지, 내가 하고 싶은 것인지 또는 할 수 있는 것인지, 이것이 내 인생에 어떤 도움이 될 것인지…. 간 보다가 시간만 간다. 인생은 긴 승부다. 인생 안에는 수많은 전적이 있다. 다른 사람과의 경쟁이 아니더라도 우리는 살면서 크고 작은 승부를 겨룬다. 좋아하는 사람이 나를 좋아하게 만드는 것처럼, 내가 좋아하는 것을 하면서 손해는 보지 않으려고 한다. 간만 보고 링에 오르지 않는다. 좋게 얘기하면 승률을 지키는 삶이고, 다른 의미로는 링이라는 무대에 오르지 않는 인생이다.

나는 10승 무패의 투수를 존경하지만, 11승 10패 투수의 '1승 더'를 더 존경한다. 프로복싱 선수 플로이드 메이웨더는 5체급을 석권했으며 프로 복서 최초로 패 없이 50승을 거둔 선수다. 이 전적이 그의 21년 선수 생활 동안 만들어졌다. 1년에 2경기 살짝 넘게 한 것이다. 파나마의 로베르토 듀란은 119번 링에 올랐고, 멕시코의 훌리오 세자르 차베스는 115전의 전적을 쌓았다. 나는 패 없이 50번 이긴 선수보다 16패나 있지만 100번 넘게 싸운 선수에게 더 끌린다.

"요즘 오디오에 빠졌다며?"라고 친구에게 물었다. 친구의 대답은 "응, 하다가 말았어. 돈이 너무 들어서."였다. "테니스 시작했다며?"라고 묻는 나에게 "아니, 하려고 했는데 안 하기로 했어."라고 답하는 친구도 있다. 지금 안 하고 있다는 면에서는 같아 보이지만, 하나는 '경험'한 것이고, 하나는 '마음의 경험'만 한 것이니 분명한 차이가 있다. 인생에서 서글픈 말 중 하나가 '하려다가 안 했어'다. '하려다가'는 결국 아무것도 안 했다는 말이다. 더 안 좋은 것은 '하려다가' 한 일을 약간은 했다고 착각하는 것이다. 그나마 '하다가 안 했어'가 '하려다가'보다는 실천 지향적인 말이다.

살면서 마음속에 품고 있는 말이 있다. '해보지 않은 것은 모른다'와 '만나 보지 않고는 모른다'이다. 사람에 대한 평가는 다른 사람의 평가에 많이 의존한다. 그런데 그 평가는 객관적인 평가가 모여서 객관화된 것이 아니라 주관적인 평가의 평균이 모여서 객관화되는 과정이다. 해보지 않고 왜 안 하는가. 해보지 않고 왜 단언하는가. 누군가 무엇을 추천할 때 하는 말이 있다. "한 번만 해봐." 무슨 일이든 끌리는 것이 있다면 일단 시도해보자. 계속 안 해도 좋다. 계속 안 할 것이라서 시작까지 안 할 이유는 없지 않은가. 먼저 '한 번만 해보자!'

사랑해도 되겠습니까

광고 전략 중에 'Not my business'를 'My business'로 만들기가 있다. '나와 상관없는 일'을 '나의 일'로 옮겨야 그 제품이나 서비스에 관심을 두게 되고 구매한다는 말이다. 여기서 비즈니스를 취미로 바꿔보자. 나와 상관없는 취미를 나의 취미로, 그렇게 만들어야 뭐든 시작할 수 있다. 마음속에서는 하고 싶은 욕망이 끓어오르는데 우리는 여러 가지 이유로 어떤 취미 앞에서 주저한다. 예를 들면, '이건 돈 많은 사람들이 하는 거지. 나는 돈이 없어. 그럼 내 취미는 아니네. 나는 할 수 없겠네. 또 이건 젊은 친구들이 하는 건데 내 나이에 할 수 있을까? 사람들이 주책이라고 하면 어떡하지?' 같은 걱정이다. 결국 '그래 나한테는 안 맞아. 다른 걸 찾아야지'라며 슬픈 결론을 내린다. 인간은 망각의 동물이라 내가 이런 이유로 고민했는지조차 잊고 나와는 상관없는 것으로 잊고 만다.

꼭 자신에게 물어봐야 하나. 어떤 확답을 기대하고 물어보는가. 하지 않아야 하는 이유와 지금이 아닌 뒤로 미룰 핑계를 기대하는가. 세상에 '이거 해도 되나?'라고 물어봐야 하는 취미가 얼마나 있을까? 극소수 가진 자들의 특별한 취미를 빼면 대부분의 취미는 모든 사람에게 공평하게 열려있다. 나는 '그건 나와 어울리지 않아'라는 말을 좋아하지 않는다. 이 말은 패배주의와 자기비하로 들린다. 왠지 이렇게 말하는 사람이 "그래, 그건 나랑 딱 어울려."라고 말할 것 같지는 않다. 그냥 아무것도 하지 않으려는 구실을 찾는 것처럼 보인다.

질문이 많은 사람이 있고, 답해줄 게 많은 사람이 있다. 나는 답해주는 사람으로 살고 싶다. "그거 어때?"라고 물어보는 사람이 아니라 "응. 해보니까. 그건, 이래."라고 답해주는 사람이 되고 싶다. 그러기 위해서는 말보다 행동이, 즉 질문보다 답이 앞서야 한다.

'내가 해도 되겠습니까? 사랑해도 되겠습니까?'라는 질문을 생략하자. 내 마음은 마음대로 할 때 행복하다. 그 마음을 누르려는 또 다른 마음을 이기려면 일단 하는 것이다. 해보고 질문해도 되지 않을까. 하고 싶은 것이 정말 많은데, 언제 일일이 그 적합성을 검토하겠는가. 그 과정들을 통해서 우리는 하고 싶은 것을 할 수 없는 것으로 만들고 있다. 생각해보면 하고 싶은 이유는 정말 단순히 '하고 싶어서'인데, 하지 말아야 할 이유는 생각할수록 점점 커져 포기에 익숙해질 수 있다.

나는 '나쁜골프'라는 유튜브 채널을 운영하고 있다. 구독자가 매우 많다고 할 수는 없지만 어느새 4년 넘게 꾸준히 하고 있다. 이 채널을 시작할 때 그랬다. 어느 가을, 포천에서 라운드 마치고 돌아오는 길이었다. 함께 라운드했던 후배가 가장 가을다운 골프장 사진들을 보내줬다. 그때 문득 생각했다. 내 채널을 하나 갖고 싶다. 지금 같은 시대에 나도 내 채널을 한 번 갖고 싶다. 이 좋은 골프장과 재밌는 골프에 관해 이야기하고 싶다. 그래서 그냥 시작했다. 정말 그냥 시작했다. 어떤 이는 카피라이터가 '무슨 골프 채널이냐며, 광고 채널을 만들라는 사람도 있었고, 그거 쉽지 않다며 바쁜 사람이 할 수 있겠냐고 만류했다. 그나마 조금 호의적이었던 사람도 왜 하필 '나쁜골프'냐며 채널 이름이라도 바꾸라고 했다. 별것도 아닌 나의 사적인 시작에 이렇게 많은 사람이 참견할 줄은 몰랐다. 대부분 부정적이었다. 그 말에 귀 기울였다면 '나쁜골프'는 지금 세상에 없을 것이다. 나는 그들에게 '해도 될까?'를 물어본 게 아니었다. '나는 한다'라고 말한 것이다. '사랑해도 되겠습니까?'라고 물어보지 말자. '사랑하고 말하겠습니다'라고 하자.

무작정

'어떻게 할지 미리 정해놓은 것 없이'가 무작정이다. 오래된 노래 중 '무작정 당신이 좋아요'란 가사가 있다. '정말 정말 좋아요'보다 '무작정 좋다'가 더 진하게 느껴진다. 그 어떤 계산이나 계획 없이 고스란히 좋아하는 감정이기 때문이다. 예전에는 이 '무작정'이라는 말이 다소 무책임해 보였다. MBTI의 T냐 J냐의 문제는 아니다. '아무 생각 없이'라는 의미가 좀 거슬렸다. 그런데 어느 순간부터 '무작정'이란 말을 좋아하게 됐다. 주저하고 의심하는 사람들은 '무작정'이란 묘목을 심을 필요가 있지 않을까? 자신의 용기 없음을 탓하는 이들에게 '무작정'은 용기의 속도를 올려주는 가속 페달과도 같지 않을까? '무작정 따라 하기'라는 말만 해도 '무작정'이든 '따라'든 결과는 '하기'이지 않은가. 무작정 따라 하는 사람을 '따라쟁이'라고 할 수도 있지만 아무튼 그들은 '하기쟁이'다.

무작정 걸을 때가 있다. 분명 무작정 걷고 있는데, 눈앞에 계절이 보이고 새로운 카페 간판이 보이고 조금씩 올라가는 도시의 건물들이 보인다. 한 걸음 한 걸음 옮길 때마다 생각도 함께 걷는다. 무작정 걷고 있는데 내게 돌아오는 것들은 '무작정'이 아니다. 작정하면 작정한 것밖에 못 보지 않았을까? 작정했다면, 작정한 곳에만 도착하기 위해 걷지 않았을까?

현대인은 생각이 너무 많다. 계획이 너무 많고 복잡하다. 자신에게 어떤 화두를 던지고 그것에 대한 타당한 이유가 더해질 때까지 아무것도 못하는 사람도 있다. 이를 두고 '신중하다'거나 '진중하다'라고 말하기도 한다. 나는 '신중하기만' 해서 아무것도 못하는 것보다 '무작정' 뭔가 하는 것이 좋다. 무작정은 그 어떤 범위도 긋지 않기에 가능성이 무한하다. 아주 좋게 보면 무작정은 무한대와도 일맥상통한다.

성공한 사람들의 이야기 중에는 '무작정 스토리'가 꽤 있다. '영화 오디션에 가는 친구를 따라갔다가 친구는 안 되고 내가 돼서 그날부터 배우가 됐다. 어린 시절 옆집 형이 야구하는 것을 보고 무작정 따라 했다가 프로야구 선수가 됐다' 같은 스토리는 이제 익숙하다. '무작정'은 무한한 가능성을 갖고 있는 행동의 출발점이다. 무조건

에는 왠지 강압적인 무언가 들어있는 듯하지만, 무작정은 어찌 됐든 나의 자발적 의지에서 출발한다.

나는 가끔 '무작정 떠나고 싶은' 충동이 꿈틀거린다. 도망가고 싶을 때도 있고 새로운 것을 보고 싶을 때도 있다. 맹렬히 혼자 있고 싶을 때가 있고, 전혀 몰랐던 사람들과 어우러지고 싶은 충동도 든다. 이 충동은 목적지를 정하지 않는다. 일단 '떠나고 싶다'가 먼저다. 그러고 난 후 '그렇다면 어디?'가 뒤따른다. 진짜 떠날 때가 있고 마음만 떠날 때도 있다. 무작정 하고 싶은 것을 못할 때마다 왜 나는 '무작정 인간'이 못 되는지 자신을 책망한다.

인생에 '안식년'이 있듯, '무작정 1년'이 있으면 좋겠다. 1년이 안 되면 '무작정 주간'이 있으면 좋겠다. 미리 정해놓지 않고 몸 가는 대로 마음 가는 대로 하는 주간 말이다. 만일 나에게 '한 달 살아보기'를 하라고 한다면 나는 그렇게 할 것이다. 무작정 가서 무작정 할 것이다. 물론 어떤 이들은 계획의 재미와 채워지는 과정의 흐뭇함을 추구한다. 하지만 가끔은 '무작정'일 필요가 있지 않을까? 어쩌면 '무작정'은 작정 없음이 아니라 '무한한 작정'일지도 모르겠다.

부러우면 하는 거다

'부러움'이란 '나도 하고 싶다'라는 마음이다. '나도 되고 싶다'라는 마음이다. 부러움이란 말 속엔 약간의 질시가 섞여있지만 중요한 것은 '동경'이다. 단순히 배 아파하는 마음이 아닌 나도 그러고 싶은 마음이다. 누구나 부러움의 대상이 있다. 부러움 중엔 간혹 그 대상의 '팔자 좋음'도 포함된다. 대단히 노력하는 것 같지 않은데, 그다지 치열하게 사는 것 같지 않은데, 과하게 누리는 것 같은 느낌을 받는 사람을 보면 그런 마음이 시작된다. 주변을 둘러보면 꼭 그런 친구가 있다. 대충 사는 것 같은데 결과는 치밀하고, 평범한 것들을 추구하는데 왠지 비범한 느낌을 주는 사람 말이다. 그런 친구들은 새로운 것, 가장 최근에 유행하는 것도 남보다 더 빨리 한다. 해외 핫플레이스를 가장 먼저 가고, 시대의 취향을 먼저 누린다. 좋은 것들은 나보다 먼저 하고 있고, 갖고 있다.

'부러우면 지는 거다'란 말이 있다. '부러워도 어차피 너는 할 수 없으니, 부러워하지 마라. 차라리 합리화를 통해 정신 승리라도 해라'라는 말에 가깝다. 나는 이 말을 '부러우면 하는 거다'로 바꾸고 싶다. 할 수 없어서 못하는 것이 아니다. 내가 할 수 없다고 생각해서 못하는 것이고 나는 가질 수 없다고 생각해서 못 가지는 것이다. '부러워하지 않겠어'라는 생각이 아니라, '나도 하겠어'라고 생각하자. '부러우면 지는 거야'라는 말에는 '부러워할 거면 그 사람 앞으로 보지 마'라는 말이 포함된 것 같다. 언제까지 '정신 승리'만 할 것인가. 여기서 '정신'의 반대말이 무엇인지 정확하게 말할 수는 없지만 '정신 승리' 대신 '실전 승리'를 하자는 말이다.

누군가 나에게 "당신이 부러워."라고 말해주면 나는 내 인생을 칭찬한다. 나쁘지 않게 살았구나. 내 인생에 안도하고 '나'라는 인간을 인정한다. 부러우면 하면 된다. 하다 보면 나도 부러움의 대상이 될 수 있다. 남을 부러워만 하는 삶과 남들이 부러워하는 삶은 다르지 않은가. 어떤 부러움은 처음부터 그랬던 것은 아니었다. '굳이 왜 저걸 하지?' '저건 좀 별로인데…'라고 생각했던 것이다. 그것이 좋은 결과를 가져오고 멋진 인생으로 평가받으면서 부러움의 대상이 된 것이다. 그러니 남들이 부러워할 만한 것을 하려면 남들이 안 하는 것, 때로는 살짝 꺼리는 것을 해야 한다. 여행도 그렇다. 남들이 미국으로 여행 갈 때 어떤 친구는 중남미의 마야문명을 찾아 떠난다. 프랑스, 이탈리아가 아닌 동유럽에 가는 사람이 있고, 스페인이 핫할 때 포르투갈에 가는 친구가 있다. 나중엔 남들이 안 가본 곳을 간 것이 부럽고 그곳은 이미 남들이 너무나 가고 싶은 곳이 되어있다.

서핑이 우리나라에서 처음 시작되었을 때, 서핑은 하와이나 캘리포니아에서나 하는 것이라는 생각이 지배적이었다. 특히 추운 겨울에 바다에 뛰어드는 사람들을 보고 '저걸 왜 하나?'라고 생각했다. 그런데 그때 시작했던 사람들은 이미 훌륭한 서퍼가 되었고, 바닷가 주변에서 비즈니스를 만들기도 하면서 새로운 인생을 살고 있다. 도시의 반복되는 업무와 인생에 지친 사람들이 부러워할 만한 인생을 살고 있다.

'정신 승리'란 이름으로 부러운 마음을 내 마음속에서 밀어내지 않았으면 좋겠다. 부러우면 솔직히 부러워하자. 다만 그 마음이 마음 안에 머무르지 않게 하자. 부러운 마음이 '하는 마음'이 되게 하자. 부러운 게 많은 사람은 하고 싶은 것도 많은 사람이다. 좋아하는 것도 많은 사람이다. 부러우면 하는 거다.

행복한 따라쟁이

세상엔 앞서가는 사람이 있고, 따라가는 사람이 있다. 남보다 먼저 하는 사람이 있고, 기다렸다가 남들을 따라 하는 사람이 있다. 그렇게 트렌드는 시작되고 세상에 퍼진다. 패션이 그렇다. 누군가 과감한 패션을 시도한다. 지금까지 금기시되었던 조합이나 소재, 스타일을 과감하게 시도한다. 때론 기이하게 보이는 신발을 신고 나타난다. 분명 특이한 것은 알겠는데, '저걸 내 몸에 걸칠 수 있을까?'라는 생각에 주저한다. 다른 사람 눈치를 본다. 한 명 두 명, 입기 시작한다. 유행이 된다. 이 정도면 나도 입을 수 있겠구나 싶어지고 어느새 그 대열에 속하게 된다. 부동산 투자도 그렇고 가상화폐도 그렇다. 기다렸다가 따라 하는 사람들이 꼭 있다. 이런 사람들 덕분에 유행이 생기고 열풍이 분다.

따라쟁이의 반대말은 앞장서는 사람, '앞장쟁이'라고 한다면, 나는 '앞장쟁이'에 가깝다. 하지만 때로는 기다렸다가 따라 하는 사람들이 행복해 보일 때가 있다. 일단 따라 하면 '리스크'가 적다. 먼저 한 사람들이 풍파를 온몸으로 맞고 견디었으므로 그 뒤에 바짝 붙어가는 사람들은 위험으로부터 안전하다. 많은 사람이 한다는 것은 이미 검증이 끝난 것이니 의심의 고통도 겪을 필요가 없다.

따라 하는 사람들은 앞장서는 사람에 비해 일견 신중해 보인다. 조심스러워 보인다. 그래도 따라 하지 않은 사람들에 비해서는 과감하고 먼저 하는 사람이다. 따라 하지 않은 것을 후회하고, 아쉬워하다 못해 땅을 치는 사람들을 많이 봤다. '그때 나도 해야 했는데…'다. '그때 나도 부동산에 관심을 둬야 했는데…' '그때 나도 그렇게 놀았어야 했는데…' 이런 면에서 보면 따라 하는 것이 늦은 것은 아니다. 물론 막판에, 맨 끄트머리에 따라 할 수도 있지만 남보다 먼저 따라 하면 이 역시 '앞선 따라쟁이'가 된다. 따라쟁이가 행복해 보이는 이유 중 또 하나는 그들은 '따라 하고 싶은 사람'만 있으면 된다는 생각에서다. 일명 '롤모델'만 정해놓으면 된다. 그 사람의 브랜드를 따라 하면 되고 그 사람의 스타일을 따라 하면 된다. 그 사람이 지금 어떤 것에 관심이 있는지 잘 관찰하면 된다. 그것들은 반드시 유행할 테니까, 그 사람의 안목과 취향을 믿으니까.

그런 사람들을 '인플루언서'라고 부른다. 영향을 미치는 사람, 즉 영향력이 있는 사람이다. 그 사람의 SNS를 보고 그 사람이 가는 레스토랑이 어딘지 본다. 그곳은 분명 핫플레이스일 테니까. 그 사람의 취미를 본다. 최근 가장 핫한 취미일 테니까. 그 사람이 가는 해외 여행지를 나도 가야겠다고 생각한다. 내 삶에 고루 영향을 미치는 사람이다. SNS에서 많은 팔로워를 가진 사람이 아니더라도 내 인생의 인플루언서는 있다. 부모님, 형, 누나, 친구일 수도 있다. 따라 하고 싶고, 따라 하면 실패하지 않는 취향을 가진 사람이다. 간혹 그런 사람한테 '넌, 왜 그렇게 나를 따라 하니?'라며 질타받을 수 있지만 크게 신경 쓸 필요 없다. 어차피 그들은 내가 따라 하면 또 저만치 앞서갈 테니까.

따라 하는 것은 늦은 것이 아니다. '따라'보다 '하는'에 강조점이 있다. 따라 하는 것도 하는 것이지 않은가. 안 하는 것보다는 빠르지 않은가. 누군가는 '트렌드 세터'가 되고 또 누군가는 '트렌드 팔로워'가 된다. 좋은 것은 따라 하자. 따라 하다 보면 내 뒤에도 나를 따라 하는 사람이 생긴다.

다르게 보이는 것들

누군가를 좋아하려면, 어느 곳을 좋아하려면, 무엇인가 좋아하려면 최소한 '2회'가 필요하다. 한 번으론 부족하다. '한 번 더'가 필요하다. 나는 첫인상만큼이나 두 번째 인상을 진짜 인상이라고 생각한다. 이를 '두 번째의 반전'이라고 해보자. 친구나 연인끼리 "사실 너, 첫인상은 별로였어. 산적 같았는데 알고 보니 섬세하고 여리더라고."라고 고백하는 모습을 보면, 첫인상이 모든 것을 결정하지는 않는 것 같다. '인상은 과학이다'라는 말에는 '그렇게 보인다'라고 합리화하는 체념을 포함하지만, 두 번째 만나서 그 사람의 좋은 점을 발견하게 되면 과학이라고 했던 그 인상도 바뀌지 않는가.

이런 관점에서 보면 세상은 '처음부터 좋았다'만큼 '처음엔 별로였는데…'도 많은 듯하다. 특정 장소도 그렇고 도시도 그렇다. 한 번

다녀와 보고 단정적으로 일반화할 수 없다. 볼수록 자꾸 다른 것들이 보이기 때문이다. 뉴욕 맨해튼에 처음 갔을 땐 오래된 빌딩과 높은 빌딩이 보였다. 과거와 현재, 미래가 공존하는 도시의 어울림이 보였다. 그럼에도 나와는 별로 상관없는 먼 도시 같은 느낌이었다. 다시 가보니 사람들의 걸음걸이가 보였고 표정이 보였다. 갈 때마다 조금씩 다른 도시의 공기를 맡았다.

그런데 이 '두 번째 시도'가 나이들수록 쉽지 않다. 나이 든다는 것이 성숙해지는 것이라면 '참을성'이란 덕목이 키워질 만도 한데 우리는 왜 나이들수록 쉽게 판단할까? 어떤 사람하고 관계를 끊는다는 '손절'이라는 말이 있다. '핫한 워드'임에도 '손절'이란 단어를 나이든 사람이 더 자주 쓰고 있다는 의심이 생긴다. 어쩌면 본인의 경험과 살아온 인생 경력에 대한 단단한 믿음 때문에 '틀림없이 그럴 거야'라는 편견이 더 강해지는지는 것 같다. 하지만 나 역시 그렇게 보일 수 있다는 점을 생각하면 '쉽게 손절하는 사회'는 바람직하지 않아 보인다. 안 맞는 사람과 억지로 관계를 유지하려고 애쓰자는 말은 아니다. 다만 단 한번의 계기로 그 사람을 평가하지 말자는 말이다.

내겐 필라테스가 그랬다. 필라테스하는 사진들을 많이 보다 보니 관심이 갔다. 이런저런 영상을 찾아보니 골프에 도움이 되는 필라테스 동작들이 꽤 있었고, 충분히 설득력 있어 보였다. 필라테스 첫 수업 날의 기억은 지금도 생생하다. '이게 뭐지?' '이런 동작을 굳이 이런 기구들을 이용해서 해야 하나?'라는 생각이 들었다. 기구들은 가구처럼 예뻤지만 왠지 운동기구라기보다는 상업적인 장치처럼 느껴졌다. 10회를 끊었으니 어쩔 수 없이 두 번째 클래스에 갔다. 첫날과는 확연히 달랐다. 동작 하나하나가 얼마나 인체를 알고 고안됐는지 느껴졌다. 클래스를 마치고 난 후의 개운함은 가벼운 뿌듯함으로 바뀌었다. 그리고 필라테스를 좋아하게 되었다.

한 번만 더 해보면 세상엔 좋아할 만한 것이 많다. 심지어 '한 번 더'는 고사하고 '한 번'도 안 하는 것이 인생이다. 음식 중에 호불호가 많이 갈리는 것이 '고수'다. 향이 독특한 이 풀은 전 세계적으로도 호불호가 갈리는 듯하다. 그런데 고수를 정말 좋아하는 사람들은 고수로 음식을 가릴 정도로 대량 투하한다. '저게 뭐라고…' 하는 생각에 '나도 한 번 먹어볼까?'로 생각을 바꾼다. 그리고 '이걸 좋아한다고?'라는 생각이 든다면 다시 시도하지 않게 된다. 만일 한 번 더 시도하면 '고수 마니아'가 될지도 모르는데 말이다. 한 번 더 먹어보자, 가보자, 보자. 한 번 더 해보자.

포기할 수 있는 용기

'중꺾마', 중요한 건 꺾이지 않는 마음이란 기준에서 보면 포기는 중간에 꺾이는 마음이다. 우리는 '끝까지 포기하지 않고 최선을 다하는 것'을 인생의 미덕으로 믿고 살아왔다. 포기하지 않는다는 것은 분명 칭찬받아 마땅한 일이고 아름다운 덕목이다. 하지만 포기하지 않는 것에는 반드시 전제가 필요하다. '가능성'이다. 포기하지 않았을 때, 해낼 가능성이 얼마나 있느냐의 문제다. 가능성과 확률로 세상의 모든 도전을 가늠할 수는 없다. 어떤 도전과 모험들에는 아주 작은 확률임에도 불구하고 결국 성공에 이르는 기적 같은 예들이 있다. 이번 기회가 내 인생의 전부는 아니고, 우리에겐 '다음'이 있다. 축구도 그렇고 야구도 그렇다. 이미 승부가 기울어진 도저히 가능성이 없는 시합에서 주전 선수들을 빼고 2진, 즉 후보 선수들을 투입하는 것을 볼 수 있다. 다음 경기를 위해 주전 선수들에게 휴식을 주는 동시에 시합에 뛰지 못했던 선수들에게는 실전 기회를 준다. 그 경기를 포기해도 다음 경기를 도모하고 먼 미래를 준비하는 일이다.

인생에서도 선수 교체가 필요할 때가 있다. 포기는 그만두는 것이지만 한편으론 다음을 도모하는 것이다. 잘 생각해보면 인생에서 중요한 순간의 결정이 후회될 때, '그때 포기하지 말았어야 했는데…'만큼 '그때 포기했어야 했는데, 그만뒀어야 했는데…'도 있다. 그런 면에서 포기는 권장할 만한 사항이기도 하다. 좋아하는 사람이 나를 좋아하지 않는데도 끝까지 포기하지 않는다고 치자. 개선의 여지가 전혀 없음에도 언젠가 될 거라는 막연한 기대만으로 계속 그 사람만 바라볼 것인가? 포기가 습관이 되어서는 안 되겠지만 포기해야 할 때를 알고 느끼는 것은 현명한 일이다. 누가 봐도 포기해야 하는 상황임에도 포기하지 않는 것은 '우매한 고집'과 '비뚤어진 승부욕'에 가깝다. 인생은 지금만큼 다음도 중요하다. 그런데 이 포기에는 용기가 필요하다. 절대 포기하지 않겠다고 해왔던 내 말 때문에, 해내기를 바라는 주변의 열렬한 기대 때문에, '조금만 더' '한 번만 더'라고 하면서 포기할 타이밍을 놓친다면 그만큼 '다음'이 늦어진다.

'좋은 포기'는 미련과 후회를 남김없이 포기하는 것이다. 쉽지 않겠지만 남기지 않을수록 빨리 망각할수록 '다음' 기회가 빨리 찾아온다. 말로만 하는 포기는 포기가 아니다. 마음으로 아직 붙잡고 있다면 그것은 '미련'이다. '현명한 포기'를 위해서는 스스로를 얼마나 냉정하게 '객관화'하느냐가 중요하다. 타인이나 세상이 생각하는 '나'와 내가 생각하는 '나'와의 격차가 적을수록 포기는 현명해진다. 반대로 그 격차가 크면 너무 쉽게 포기하거나 최악의 상황에서도 포기하지 않는 오류를 범하게 된다. '객관화'가 힘들 때는 주변 사람의 의견을 들어보고, '포기'를 상의해보자. 내가 과연 이 도전을, 이 시도를 계속하는 것이 맞는지, 나에게 어느 정도의 가능성이 있는지 타인의 평가로 측정해보는 일이다. 이를 통해 우리는 '포기할 용기'나 '포기하지 않을 용기'를 얻을 수 있다.

때론 포기가 더 큰 실패를 막아준다. 실패의 크기를 줄이는 것은 다시 해볼 수 있는 여지를 남겨두는 것이다. 넘어지면 다시 일어날 수 있지만, 넘어지고 그 자리에 누워버리면 일어나기 어렵다. 포기를 미화하거나 합리화하는 것은 아니다. 나를 제외한 모든 사람이 이제 포기하라고 얘기할 때도 그만두기 쉽지 않다. 모든 것은 때가 있다. 포기도 해야 할 때가 있다.

환승취미

시대의 현상을 생경한 두 단어로 표현하는 것은 참 신박하다. 그러고 보니 '신박하다'라는 말 역시 최근에 생긴 신박한 말이다. 이런 단어 중에 정말 신박하다고 생각했던 것이 '환승연애'다. '교통수단을 갈아탄다'라는 '환승'과 연애가 결합하다니…. 단어와 단어 사이가 거리가 있다면 참 먼 듯한 두 단어가 찰싹 붙어서 원래 의미 이상의 느낌을 생생하게 전달한다. '환승연애'라는 말의 느낌이 긍정적이든 부정적이든 TV 리얼리티쇼로 몇 시즌을 계속하는 것을 보면 시대의 워딩인 것은 분명하다. '갈아탄다'라는 것은 '바꾼다'라는 의미다.

상황별로 다른 예가 있다. 내가 먼저 싫증이 나서, 싫어져서 갈아탈 수 있다. 인간의 마음은 어느 순간 갑자기 싫어질 수도, 천천히 스며들 듯 싫어하는 마음이 '갈아타기'를 요구할 수도 있다. 반대로 나는 계속하고 싶은데, 계속 좋아하고 싶은데 상대방이 나를 먼저 떠날 수도 있다. 비면 채워야 하는 것은 인간의 욕망이다. 좋아하는 것이 없어지면 다른 좋아하는 것으로 잊힌다. 누군가와 연애하고 있는데 더 좋아하는 사람이 새로 생겨서 갈아탈 수도 있다. 약간의 시간 차가 있는 '환승'이다. '환승'이란 말은 역설적으로 '지속성'을 포함한다. 대상만 바뀌었을 뿐 어찌 됐든 계속한다는 의미다. 사람이 바뀌었지만 연애는 계속된다. 만일 '환승취미'라는 말이 있다면 좋아하는 대상은 바뀌었지만 계속 좋아하고 있다는 뜻이 된다. 개인적으로 '환승'이란 말을 긍정적으로 해석하는 이유 중 하나는 바로 '경험'이다. 환승은 적어도 '1회 이상'을 의미한다. 10년 연애를 하고 결혼한 사람은 "내가 한 사람하고만 연애를 오래 해서 연애 경험이 적어요."라고 말한다. 10년 동안 연애하고 연애 경험이 적다고 표현하는 것은 경험의 해석을 기간이 아닌 횟수로 재단했기 때문이다.

'갈아타기'는 두 부류로 나뉜다. 아무렇지도 않게, 마치 이전에 아무 일도 없었던 것처럼 갈아탈 수 있는 사람과 그렇지 못한 사람이다. 갈아타기가 쉽지 않은 사람들은 환승 정류장에서 막연하게 또는 까다롭게 다음에 탈 차를 기다린다. 다음 차가 언제 올지, 당분

간 없을지도 모르는데 말이다. '갈아탈 용기'라는 말에는 '받아들일 용기'와 함께 '포기할 용기'란 뜻도 있다. '그 사람은 이랬는데…, 이래서 좋았는데…'란 아쉬움을 계속 갖고 있다면 새로운 사람을 만날 수 있을까?

제자리로 돌아갈 것이 아니라면, 그럴 수 없다면 더더욱 그렇다. '갈아탈 용기'의 첫 번째 실천 덕목은 바로 '갈아탈 장점 보기'다. 20년 동안 자전거를 타다가 테니스로 갈아탄 사람이 있다고 가정하자. '자전거 탈 때는 풍경들을 볼 수 있어서 좋았는데, 테니스는…' 이런 마음으로는 갈아타기 어렵다. '테니스는 자전거에 비해 승부를 겨룰 수 있어서, 게임을 할 수 있어서 더 재밌네'라고 해야 갈아탈 수 있다.

나는 '갈아타기'에 능한 사람을 부러워한다. 연애는 모르겠고 취미만 그렇다. 만날 때마다 다른 주제로 이야기하는 친구, 꾸준히 하나를 파지는 않지만, 꾸준히 갈아타는 사람에게서는 들뜬 에너지가 보인다. '들뜬'은 '설렘'이다. '설렘'도 총량이 있다. 총합은 대체로 같고 설렘의 양은 주로 초기, 시작하는 순간에 몰려있다. '나, 아직도 설레'라는 문장에 '아직도'라는 말이 있는 것을 보면 설렘은 시간이 지날수록 소멸하는 감정인 것 같다. 누군가를, 무엇인가를 계속 좋아하면서 시작의 설렘을 지속하는 사람들은 칭찬받아 마땅하다. 하지만 나는 꾸준히 새로운 설렘을 찾아 갈아타는 사람도 진심으로 응원한다.

나를 기록하는 힘

가끔 '오늘의 나'가 '과거의 나'를 보고 놀란다. 때론 유치해서 놀라고 깜찍해서 놀라고 기특해서 놀란다. 부끄러워서 고개를 못 들기도 한다. 지금의 내가 과거의 나를 볼 수 있는 것은 '나의 기록'을 통해서다. 사진이 외면의 기록이라면 글은 마음의 기록, 내면의 기록이다. 지나고 보면 아무것도 아닌 일로 저렇게 고민하고 힘들어했구나. 지금은 무덤덤해진 어떤 풍경을 보고 저 때는 그렇게 감성적이었구나. 지난 일기장, 지난 수첩, 지난 메모장에 적힌 것들을 통해서다.

나는 일기를 쓴 지 오래되었고 지금도 자주 무언가를 끄적거린다. 수첩에다 또는 책에다 끄적거렸던 것들, 남이 쓴 책 여백에 내 이야기를 마구 써댔던 시절처럼은 아니지만, 메모장에 이런저런 것들을 쓸 때가 있다. 순간이 지나가는 것이 아쉬워서 보관하려는 마음도 아니고 후에 기억 못 하고 까먹을까 봐 노심초사하는 마음에서도 아니다. '기록하지 않으면 기억할 수 없다'나 '기억은 기록을 이기지 못한다'라는 문구도 있지만, 나는 기억하기 위해서 기록하지는 않는다. 나에게 '기록'이란 '생각의 선'이다. 단어와 단어로 글자의 획과 획으로 이어지는 생각이다. 그것들이 자연스러운 기록이든 약간의 가식이 포함된 포장된 기록이든, 분명한 것은 내 생각이라는 점이다. 그래서 '나를 기록하는 힘'이란 곧 '나를 생각하는 힘'이다. 기록하기 좋아하는 사람은 나중에 생각하려는 사람이 아니다. 지금 내가 생각했다는 생각을 기록하는 것이다.

생각하는 힘은 생각만 해서는 키워지지 않는다. 내 안의 생각을 내 입으로 말하고 내 손으로 써서 내 몸 밖으로 나왔을 때 키워진다. 말을 안 하고 있다고 해서 '그 사람 생각이 깊다'라고 말하지 않는다. 그 사람의 말을 통해서 우리는 그 사람의 '생각의 깊이'를 판단한다. 인류의 현인들이 남긴 명저는 그들이 좋은 책을 쓰려고 한 것이 아니라 좋은 생각을 어딘가에 담아내고 싶었기 때문에 탄생한 것이리라. 강요할 일은 아니지만 '기록하는 것'을 좋아해보기 바란다. '쓰기'를 좋아하면 인생이 달라진다. 내 인생도 다르게 쓸 수 있다. 종이 일기장, 작은 수첩, 메모지 같은 낭만적인 재료는 사라져

가지만 핸드폰 메모장도 무언가를 기록하기에 충분하다. 나만의 기록이면서 모두의 기록이기도 한 SNS도 있다. 누군가를 만나면 내가 무슨 음식을 좋아하고 언제 어디를 갔는지 내 기억보다 선명한 기억을 내게 건네는 사람이 있다. 소셜 네트워크에서는 내가 기록한 기억을 누군가 보고 있다. 지난 기록은 과거지향적이거나 퇴행적인 것만은 아니다. 가까운 과거는 먼 과거의 미래였다. 그 기록을 사이에 두고 과거와 미래가 연결되어 있다. 나의 기록 중엔 수많은 다짐과 결심들 그리고 내가 가고자 하는 방향이 자리하고 있다.

나를 기록하는 일의 장점 중 하나는 '나를 잘 본다'라는 데 있다. 다른 사람들에 대해서는 냉정하고 신랄하게 평가하는 사람도 정작 본인이 어떤 사람인지 모르는 경우가 있다. 이는 '나'를 기록하지 않고 '남'만 말하고 기록했기 때문이다. 누군가 글 쓰고 싶다는 사람을 만나면, 그 사람이 내가 충고해줘도 될 만한 사람이라면 '나는 무엇을 좋아하는가?'라는 글을 한번 써보라고 한다. 유명한 작가들의 최초 작품이 자전적 이야기에 가까운 것도 '나' '나의 역사' '나의 이야기'를 기록하다가 남의 이야기와 세상의 일들에 관해 쓰게 되지 않았을까?

기록이 습관인 사람들이 있다. 회의 중에도 때론 대화 중에도 누군가의 말을 듣고 메모장에 적는 사람들이다. 좋은 건 기억하겠다는 심산이다. 기록하는 습관은 이유를 막론하고 좋은 습관이다. 잊지 말아야 할 것은 우리가 가장 먼저 기록해야 할 것은 바로 '나'라는 사실이다.

다시 좋아하게 되는 것들

나는 '다시'라는 말이 좋다. 예외는 있다. "다시 해와!"는 별로다. '다시'는 때론 도전적으로 들리고, 어떨 땐 낭만적으로 다가온다. '다시'는 세상의 모든 문장에 붙일 수 있지만 '다시'가 가장 어울리는 문장은 '다시 시작하자' 아닐까? 다시 시작하려면 '다시 좋아져야' 한다. '좋았는데'라는 감정을 까마득히 잊고 있다가 다시 좋아지는 것들이 있다. 분명 기억의 쓰레기통에 버렸던 것들인데 다시 좋아질 때가 있다. 물건일 수도, 생각일 수도, 사람일 수도 있다.

잉글랜드의 유명한 여자 골프 선수는 자신이 쓰던 퍼터를 타인에게 주거나 처분하지 않는다고 한다. 언제 다시 그 퍼터가 생각날지 몰라서, 다시 좋아질지 몰라서 그렇단다. 나는 이 말에 깊이 공감한다. 가끔 어떤 옷이 생각날 때가 있다. 왜 그 옷이 생각났는지 모르지만 갑자기 그 옷을 입고 싶고, 보고 싶어진다. 그런데 이미 누군가에게 줬거나 버렸거나 해서 지금은 없다. 몇 년 동안 찾지 않는 옷이면 다시 찾지 않을 거라고 버려라 비우라 하기에 비웠더니 다시 생각나는 이 미련을 어쩌란 말인가.

가끔 스무 살에 읽었던 책들을 꺼내 읽어본다. 많이 버렸는데도 이상하게 버리지 못하고 계속 내 책장에 살아남은 책들이 있다. 지금은 없어진 종로의 한 서점에서 산 문고판 카뮈의 《시지프스의 신화》가 그중 하나다. 사라진 서점처럼 지금은 사라진 서체, 촌스러운 편집과 낯선 맞춤법이지만 다시 읽으면서 그 책이 다시 좋아졌다. 눈 오는 종로 거리를 걸었던 젊은 그때가 다시 생각나서 좋았고, 그때는 보지 못했던 문장들이 눈에 띄어 좋았다. 내 인생에서 버린 줄 알았는데 아직 버려지지 않았다.

같은 곳도 다시 가면 다시 보이고, 같은 것도 다시 하면 다르게 느껴진다. 몇십 년 전에 봤던 그 영화는 분명 유쾌한 코미디 영화였는데, 다시 보니 슬픈 로맨스 영화였다. 고음 불가였던 가수의 노래는 가사 때문에 좋아했는데, 다시 들어보니 그는 고음 불가가 아니라 중저음 천재였다. 어쩌면 우리는 다시 좋아지는 것들이라 말하지만, 새로 좋아지는 것일지도 모른다.

어떤 것을 다시 좋아해볼까? 아니면 우리 다시 사랑할 수 있을까? 고민이 될 때 세 가지를 생각하자. 첫째, '다시'를 두려워하지 말자. 두려움은 다시 할 수 있는 것을 가로막는 방해물이다. 용기만 있다면 다시 좋아할 수 있다. 둘째, 다시 좋아하려다가 실패했다고 실망하지 말자. 실망할수록 다시는 '다시' 할 수 없다. 농구선수 마이클 조던도 은퇴 후 다시 코트에 돌아왔을 때 예전 같지 않았다. 셋째, 다시 좋아지려면 다른 방법을 써야 한다. 다른 것을 봐야 한다. 그 사이 나는 많이 달라졌을 테니까.

앞으로 '나는 어떤 것을 좋아할 것인가'를 계속해서 찾겠지만, 다시 좋아하게 되는 것들도 만나게 된다. 솔직히 그것들이 자주 찾아와 주면 좋겠다. 어쩌면 내가 정말 좋아했던 것들에게 미안한 마음이 들 정도로 망각하고 살아왔다. 내가 좋아했던 사람들도 다시 와주면 좋겠다. 아니 내가 다시 찾아가야겠다. 물론 그때는 좋았고 지금은 아닐 수 있다. 마음이 예전 같지 않을 수도 있다. 하지만 내가 다시 좋아할 것이 무엇인지 내 인생이라 다 아는 것 같지만 꼭 그렇지는 않다. 나도 나의 지나간 인생이 궁금하다.

돈 없어도 부자로 살 수 있다

세상에서 가장 사랑하는 사람들은 누구일까? 젊은 연인일까? 남녀는 세상 가장 찬란하고 극적인 사랑을 하지만 그 사랑의 길이는 부모자식간의 사랑만큼 오래가지 않는다. 물론 자식의 부모 사랑보다 부모의 자식 사랑이 절대적으로 큰 듯하다. 자식을 둔 사람에게 세상에서 가장 사랑하는 사람이 누구냐고 묻는다면 잠시의 틈도 없이 "아들이요." "딸이요."라고 대답하는 사람이 많다. 우리는 아들 딸이 많은 사람을 '아들 부자' '딸 부자'라고 부른다. 자식 부자라고도 부른다. 그렇다. 부자는 돈만 많이 가진 사람이 아니다. 부자의 정의는 분명하다. 무언가를 많이 가진 사람이다. 문제는 우리가 무엇을 많이 가지고 있느냐다.

대부분 사람의 '인생 목표'는 '되고 싶은 것'이다. 어린 시절엔 이를 장래 희망이라고 불렀고 꿈이라고도 불렀다. 어떤 이는 의사가 되고 싶었고 그래서 의대에 갔을 것이다. 어떤 이는 법관이 되고 싶어서 법대에 갔을 것이다. 그렇다면 우리는 왜 무엇이 되고 싶은 것일까? 그로 인해 더 많은 것을 갖고 싶기 때문이다. 죽어가는 이들을 살리고 더 많은 사람이 건강하게 살도록 이바지하겠다는 의지로 의사가 되기를 희망했다 해도 의사가 되면 더 안정적인 수입과 더 예쁘거나 능력 있는 배우자, 명예를 갖게 될 거라는 기대가 있지 않았을까?

'주짓수'하는 후배가 있다. 주짓수는 브라질의 유술(柔術)로, 종합격투기 선수들이 익히는 필수 무술이다. 이 친구에게서 여러 번 반전을 봤다. 지적인 분위기인 얼굴과는 다르게 몸은 군살 하나 없는 근육질이다. 이소룡 몸매다. 파란색 주짓수 도복이 잘 어울리는 것도 반전이다. 어느 주말 도복 차림에 메달을 건 그의 사진이 인스타그램에 올라왔다. 주짓수 시합에 참여해 결승까지 올랐지만 아깝게 2위 했다는 사진이었다. 그는 주짓수를 좋아한다. 수련하고 시합하는 것을 좋아하고 훈련의 성과인 메달을 좋아한다. 주짓수로 단련된 단단한 몸매도 좋아하겠지! 좋아하는 것이 좋아하는 것으로 이어지는 '좋아하는 것 릴레이'다. 도복을 입었을 때 그는 세상을 다

가진 듯한 표정이다. 부자의 표정이다.

돈이 없다고 갖지 못하는 것은 아니다. 돈이 없어도 가질 수 있는 것은 많다. 돈으로 한강을 살 수 있는 사람이 있는가? 시간을 살 수 있는 사람이 있는가? 어느 저녁 한강을 산책하고 잔디 위에서 무언가를 먹으며 좋아하는 사람과 보내는 시간은 돈 없이도 누구나 누릴 수 있는 시간이다. 그 순간은 세상 누구보다도 여유 있어 보인다. 한마디로 있어 보인다. 있어 보이면 부자 아닌가?

세상을 넓게 보고 그 안에 존재하는 것들을 깊게 들여다보면 돈 없이도 우리가 가질 수 있는 것은 많다. 갖지 못한 것에 대한 합리화나 작은 위로가 아니다. 실제로 그렇다. 부자의 마음과 가난한 마음은 물질로만 나누지 않는다. 물질이 풍요로운 것과 마음이 풍성한 것은 반드시 일치하지는 않는다. 세상에서 내가 좋아할 만한 것들을 찾아내자. 아주 거대한 자연에서부터 아주 사소한 것들까지 살펴보자. 살아온 시간을 돌아보면서 내가 무엇을 좋아했는지 확인해보자. 좋은 것은 세상이 우리에게 정해주는 것이 아니다. 내가 좋아하는 것이 좋은 것이다.

돈으로 하지 못하는 것들

"얼마면 돼?" 오래전 드라마 대사다. 남자 주인공의 말투를 흉내 내는 사람이 많았다. 이 대사를 글자 그대로 살펴보자. 돈 많은 부자들의 오만이, '돈이면 안 되는 일이 어딨어?'라는 가난한 이들의 냉소적인 체념이 엿보이는 말이다. '사랑에는 돈이 든다'라는 말이 있다. 현실적이고 설득력 있는 말이다. 사실 돈으로 할 수 있는 일은 많다. 그런데 이 말을 뒤집어보자. 그러면 돈이 없으면 할 수 있는 일이 없을까? 돈으로도 못 사는 것은 없을까? 분명히 있다. 생각보다 많다.

스무 살, 대학 1학년 여름방학 때다. 친구들과 전국 일주를 계획했다. 완도에서 시작해 남해를 거쳐 동해로 올라오는 경로였다. 아주 구체적으로 계획을 세우지는 않았다. 좋으면 며칠이고 머물자고 했다. 그런데 하필 친구들과 놀러가기로 계획한 날 아버지가 지리산에 가자고 하셨다. '아버지와 둘이 여행을?' 당시로서는 참 어색한 제안이었다. 더군다나 친구들과 야심 찬 장기 여행을 준비하고 있지 않았는가. 아버지는 "나랑 지리산 다녀오면 친구들과 가는 여행 경비 두둑이 주마."라고 약속했다. 마음이 흔들렸다. 결국 친구들과의 여행을 미루고 아버지와 진주행 무궁화호를 탔다. 야간열차였다. 식당 칸에서 아버지와 함박스테이크를 안주 삼아 맥주를 마셨다.

생각해보니 그때의 아버지는 참 젊었다. 천왕봉에 올랐다. 숨은 턱까지 찼고 배낭은 내 몸을 땅까지 가라앉게 짓눌렀다. 모든 것이 무거웠고 목적지는 멀게만 느껴졌다. 그런데 아버지는 지치지 않았다. 아들과의 산행이 신났던 모양이다. 처음 만나는 등산객에게 아들이라며 나를 소개했다. 창피하기도 했는데, 내가 아버지가 되어보니 왜 그랬는지 알 것 같다. 오래전 일이라 정확한 여정은 기억나지 않는다. 산장에서 텐트 치고 잤고 쌍계사 방향으로 내려왔다. 여수에서 회를 먹었는데, 놀래기였던 것 같다. 아득한 기억이다. 돌아가신 아버지를 생각할 때마다 무궁화호 창가에서 창밖 풍경을 보던 아버지의 옆모습이 떠오른다. 지금의 나에게는 '인생 여행'으로 남아있다.

시간이 흘렀다. 아들이 초등학교 2, 3학년 때쯤이었을까? 일본 만화에 한참 빠져있을 때였다. 집에 만화책이 몇천 권 있었다. 중고로 주문하고 만화 가게가 망했을 때 챙겨온 것들이다. 그중 《메이저》라는 만화가 있었다. 야구만화다. 아들과 용평으로 여행을 떠났다. 아들에게 물었다. 가서 뭐 하고 싶냐고. 아들은 그냥 방에서 만화나 보고 싶다고 했다. 차 트렁크에 만화책을 잔뜩 실었다. 《메이저》는 100편이 넘는다. 점심엔 메밀국수를 먹고 저녁에는 컵라면을 먹었다. 남는 시간에는 만화만 봤다. 나도 아들도 만화만 봤다. 그런데 그 기억이 지금도 생생하다. 정말 좋았다. 아들도 기억하고 있었고, 아들도 좋았다고 했다. 아버지와 캘리포니아에서 골프 라운드도 했고 아들과 뉴욕 맨해튼을 함께 걷기도 했지만, 나에게 가장 기억에 남는 여행은 이 두 번의 여행이다.

언제부턴지 아침에 동네를 산책하는 버릇이 생겼다. 마음속으로 동네 일을 다 참견하며 돌아다닌다. 건물이 새로 생겼네. 저건 이렇게 지었으면 좋았을 텐데. 식당이 없어졌구나. 내가 망할 줄 알았지. 마음속 참견을 누가 뭐라고 하겠나. 중간에 서기도 하고 사진을 찍기도 한다. 참 신기한 것은 늘 같은 길임에도 가끔 새로운 것들이 보인다는 사실이다. '여기 이런 게 있었나?' 하는 것들 말이다. 익숙한 것은 익숙해서 좋고 새로운 것은 새로워서 좋다. 그것이 산책의 기쁨이다. 산책에 드는 돈은 집으로 돌아올 때 들르는 빵집의 빵값뿐이다. 좋은 시간은 반드시 돈이 드는 것은 아니다.

두 번째 인생이란

어떤 사람을 알아가는 데 유효한 질문 중 하나가 "취미가 무엇입니까?"이다. 요즘은 취미라는 말보다는 "뭐 하는 거 좋아하세요?"라는 질문이 더 적절한 듯하다. 학창 시절로 거슬러 올라가보자. 이성에게 이런 질문을 받았다면 옛날 사람은 '독서' '음악감상' '영화감상' 같은 무난하지만 없어 보이지 않는 대답을 했을 것이다. 자동응답기 수준의 대답이었다. 만일 당시에 누군가가 "철봉입니다."라고 대답했다면 농담으로 받아들였거나 꽤 특이한 사람으로 취급받았을지 모른다.

취미는 변하기도 변하지 않기도 한다. 평생 한 가지 직업으로 사는 사람처럼 하나의 취미만 갖는 사람이 있고, 틈만 나면 취미가 바뀌는 사람이 있다. 나는 취미가 바뀔 때마다 새로운 인생을 산다고 생각한다. 전문가로서 또는 직장인으로 한 가지 일만 하다가 전혀 다른 일을 하는 것만 새로운 인생을 시작하는 것은 아니라는 뜻이다. 취미를 기준으로 인생을 연대기로 구분할 수 있다. 수집기의 인생을 살았던 적이 있을 테고, 방랑기의 인생을 살기도, 누군가는 시골에서 무언가를 키우는 농부기를 경험했을 수도 있다.

내 인생에는 어떤 취미들이 있었는지 과거로 여행을 떠나보자. 공차기를 좋아했던 어린 시절부터 학창 시절을 거쳐 직장생활을 거치는 동안 얼마나 많은 취미가 나를 관통하고 지나갔는가. 물론 한 개인의 취미는 다분히 유행을 따른다. "요즘은 이게 유행이야.", "이게 트렌드지." 같은 단호한 어조가 우리를 새로운 취미의 세계로 초대한다. 대한민국 모든 학생이 우표 수집에 매달린 적이 있다. 지금도 앨범 사이에 끼어 있는 우표책에는 고인이 된 대통령들의 취임 기념우표를 비롯해, 천연기념물 시리즈, 국보 시리즈 같은 우표들이 우표라는 용도조차 폐기된 채 책꽂이 속 안 읽는 책처럼 자리 잡고 있다. 우표들을 보면서 생각한다. '그땐 왜 그랬을까? 이게 뭐라고 새벽부터 우체국에서 줄을 섰을까?' 요즘 말로 하면 '오픈런'이었다. 그때 나는 '우표수집 인생'을 살고 있었다.

흔히 직장에서 은퇴하면 '제2의 인생'이라고 한다. 지극히 일과 돈만 생각한 관점이다. 일할 만큼 일했고 벌 만큼 벌었으니 좋아하는 것을 하면서 남은 인생을 보내겠다고 말한다. 그런데 정작 그때가 되면 스스로 좋아하는 것이 무엇인지 찾기 어렵다고 한다. 직장 생활 동안 투사처럼 살다 보니 좋아하는 것을 해본 경험이 없기 때문이다. '좋아하는 것'을 발견하고 체험해본 경험이 없다. 무언가를 계속해서 좋아했던 사람이 또 새롭게 좋아하는 것을 찾는다. 생활에 여유가 생기면, 시간 여유가 생기면, 무언가를 해야겠다고 미뤄놓으면 나중에 정작 그 시간이 주어졌을 때는 막상 좋아하는 것을 찾기 어렵다.

무언가를 좋아하다가 싫증 나거나 더 이상 좋아지지 않을 때 '권태기'의 '태기'를 붙이는 것이 유행이었다. 골프의 권태기를 '골태기', 테니스하다가 흥미를 잃으면 '테태기'라고 부른다. 취미 생활을 즐기는 동안에도 몇 개의 시기가 있다. '관심기'에서부터 '입문기' '열정 활동기' '권태기' '휴지기' 등으로 나눌 수 있다. 이 시기를 거치고 하나의 취미기를 끝내면 새로운 취미가 보이고 이를 반갑게 맞이하는 것이 인생이다. 나는 몇 개의 '좋아하는 것' 시기를 거쳤는가? 지금 몇 번째 인생을 살고 있는가?

취향은 돈으로 존중받지 않는다

나는 옷 잘 입는 사람이 좋다. 옷 좋아하는 사람이 좋다. 자신을 방치하는 사람보다 가꾸고 다듬는 사람에게 끌린다. 자신을 아낄 줄 아는 사람이 남도 아낄 수 있다는 믿음이 있다. 가끔 내 취향에 딱 맞는 옷을 지인이 입고 있으면 어느 브랜드냐고 물어볼 때가 있다. 물론 친한 사이가 아니면 실례가 될지도 몰라 못 물어보는 때도 많다. 내 칭찬 섞인 질문에 의외의 대답이 돌아올 때가 있다. "응, ○○야."라고 저가의 스파브랜드를 알려준다. "아 진짜?" 나중에 가격을 듣고 또 한 번 놀란다.

옷은 돈으로 사는 게 아니다. 눈으로 사는 것이다. 대체로 비싼 옷이 좋긴 하다. 명품의 존재 이유는 믿음의 가격이 그만큼 높다는 뜻이니까. 그럼에도 '높은 취향이 반드시 높은 가격만은 아니다'라는 반전을 경험한다. 우리가 흔히 얘기하는 '보는 눈'이다. '보는 눈'이 좋은 사람은 직관적이다. 판단이 빠르고 결정도 단호하다. 그만큼 자신의 안목에 확신이 있다. '보는 눈'은 단지 좋은 것을 보는 것만이 아니다. 나와 어울리는 것을 보는 것도 '보는 눈'이다. 가끔 명품 로고가 옷의 패턴인 듯 크게 새겨진 옷에 최고급 외제 차를 타고 있는데도 정말 안 어울리는 사람이 있다. '돈 많다는 것은 알겠는데 벨트에 파우치까지 같은 명품 브랜드를 해야 하나'라는 생각이 들 정도로 돈으로 '처바른' 사람이 있다. 한마디로 안 어울린다. 내 얼굴은 이러니 이런 색상이 좋겠다. 내 몸매는 이런 편이니 옷은 이랬으면 좋겠다. 내 이미지는 이러니까 차는 이런 차가 어울리겠다. 이 모든 것이 '보는 눈'이다.

'보는 눈'을 타고난 사람이 있다. 좋은 것을 보는 눈, 많은 것 중에 그것을 골라내는 눈을 타고난 사람들이다. 어떤 사람들은 이 '보는 눈'을 학습한다. 많이 보고 물어보고 공부하면서 눈을 키운다. 최신 패션 잡지를 보고 SNS나 각종 미디어를 통해 최신 트렌드를 학습한다. 타고나거나 배우지 않는다면 어울리는 색상 조합을 찾는 것도 쉽지 않다. 어떤 이들은 '센스는 배우는 게 아니야'라거나 '타고나는 거야'라고 말하지만, 나는 충분히 학습할 수 있다고 생각한다. 다만 이는 본인의 센스 없음 또는 부족함을 인정하는 데에서 출발해야 한다. 잘못된 센스를 좋은 센스라고 착각하고 고수하면 문제는 달라진다.

새로운 환경에서 새로운 센스를 배우기도 한다. 외국 유학이나 연수를 갔다 와서 확연히 달라지는 사람이 있다. 돈은 가격으로 취향을 나눌 수 있지만, 사람들의 눈은 돈으로 평가하지는 않는다. 만일 돈이 취향의 전부라면 우리가 왜 어떤 것을 고르는 데 시간을 보내고 비교하는가. 돈이 모든 선택의 기준이 되면 그만인 것을….

취향이 극명하게 드러나는 것이 바로 인테리어다. 지인의 사무실이나 집에 가보면 그 사람의 취향이 그대로 드러난다. 그 사람이 가장 중요하다고 생각하는 것, 색상, 소재가 보인다. 어떤 사람은 심플한 것을 좋아하고 어떤 사람은 화려함을 추구한다. 가구도 사람마다 취향이 다르다. 어떤 사람은 이 인테리어가 얼마 들었는지 가장 먼저 말하고, 어떤 사람은 왜 이렇게 했는지 그 의도를 설명한다. 돈 많이 들였다는데 돈값 못한 인테리어도 허다하다. 이 사람의 취향은 '딱 여기까지구나'라고 생각하게 된다. 취향은 돈이 아니라 눈이다. 좋은 눈을 갖고 있으면 돈으로 안 보이는 것이 눈으로는 보인다.

취미라는 무기

사람들은 취미를 '부가적'인 것으로 생각하는 경향이 있다. 왠지 돈 버는 일이 주가 되고 돈 쓰는 일인 취미는 부가적인 것으로 취급한다. 돈 중심으로 보면 그럴 수 있다. 하지만 인생의 관점에서 보면, 시간의 관점에서 보면 좀 다르다. 인생은 즐기는 것, 재밌어야 하는 것이라는 시각으로 보면 취미가 주가 되고 일이 부가적인 것일 수 있다. '일과 사랑'에서 사랑이 주가 될 수 있듯, '일과 취미'에서 취미가 주가 될 수도 있다. 솔직히 일은 '생산적'이고 취미는 '소비적'이란 생각의 틀에 반대한다. 일이 돈을 생산하고 내 생활을 책임지는 역할을 하지만, 취미가 마냥 소비적이거나 극단적으로 '낭비적'이지는 않다. 취미는 '좋은 시간'을 생산해낸다. 사람들은 "좋은 시간을 보냈어."라고 말하면서, 시간은 없어지고 그냥 흘러가는 것처럼 말하지만 실은 "좋은 시간을 만들었어."라고 말할 수도 있다. 시간을 소멸이 아닌 소유했다는 의미에서 '좋은 시간을 가졌어'로 표현할 수도 있다.

취미가 많으면 인생의 엔진이 많은 것이다. 즐거움의 배기량이 많고, 남들이 갖지 않은 무기를 가질 수 있다. 총만 들고 전장에 나가는 것이 아니라 허리에 수류탄을 하나 더 차고 가는 것과 같다. 취미라는 무기는 인생에서 아주 폭발적인 무기가 될 수 있다.

취미가 취미로만 그치지 않고 업이 될 수도 있다. 시작은 취미였어도 비즈니스로 전환한 사람들이 있다. 성공한 사람들도 있다. 추리소설을 너무 좋아해서 추리소설 중심의 서점을 연 지인이 있다. 특이한 해외 원서들이 많았는데, 이런 책들로 돈을 벌 것 같지는 않았지만 책방 주인은 행복해 보였다. 틈만 나면 맛집을 돌아다니고 그 음식에 대해 이런저런 평을 하더니 결국 식당을 차리고 맛집으로 성공한 친구도 있다.

취미가 많은 사람은 영업에도 도움이 된다. 친해질 만한 꼬투리를 어떻게든 찾아낸다. "아, ○○를 좋아하세요? 저도 좋아하는데…" "얼마나 되셨는데요?"와 같이 대화에 막힘이 없다. 만나서 할 말이 많은 사람들은 결국 친해진다. 비즈니스에서도 좋은 관계로 연결

될 가능성이 크다. 조직 안에서도 취미가 많은 사람은 '나만의 네트워크'를 만드는 데 취미를 활용할 수 있다. 상사와 함께 단축 마라톤에 참여하고 나서 부쩍 가까워졌다는 후배의 말을 들은 적이 있다. 같이 나누고 가르쳐주고 서로 배우는 시간 동안 '그들만의 리그'는 만들어진다.

취미는 연애에도 유용한 무기다. 때론 사랑을 키우는 데 혁혁하게 이바지한다. 함께 좋아하는 무언가를 하면서 시간을 보내자는 데이트 신청은 얼마나 그럴듯한가. 동호회나 기타 모임에서 많은 커플이 탄생하는 것도 이런 이유에서다. 이성을 소개받기에도 좋다. "그 친구도 ○○ 좋아하는데…. 서로 잘 맞겠네." 또 하나의 인연이 생기는 순간이다. 취미, '내가 지금 좋아하는 것'을 낮게 평가하지 말자. 잠깐 불었다 스쳐가는 기억 없는 바람처럼 생각하지 말자. 취미는 인생의 껍데기나 가장자리가 아니다. 내 인생에서 내가 가장 재밌어하는 것만큼 중요한 게 또 어디에 있겠는가.

나는 가진 게 많다

나는 무엇을 가졌는지 생각해본다. 주변 사람들의 평을 종합해보면, 내 외모는 빛날 정도는 아니지만 못 봐줄 정도는 아닌 듯하다. 나이에 비해 머리숱도 웬만큼 남아있다. 참 다행이다. 큰 키는 아니지만 살 찐 편은 아니고, 왜소하지 않은 체격이다. 어릴 때부터 운동신경 좋다는 이야기는 들었다. 초등학교 때는 테니스를 열심히 했고, 중고교 시절에는 농구 코트에서 살았다. 스포츠라고 하긴 애매한 당구에 빠졌었고 회사 다닐 때는 야구팀의 일원이었다. 고백하자면 야구는 참 못했다. 의욕만 앞섰다. 복싱도 배웠다. 우선 줄넘기부터 열심히 하고 셀 수 없이 샌드백을 쳤다. 스파링은 안 하고 그저 샌드백만 쳤다. 골프를 쳤고 지금도 골프에 대한 글을 쓰고 있으니, 운동신경만큼 글 쓰는 재능도 좀 있는 듯하다. 아버지가 돌아가셨을 때 아버지에게 받은 것은 꽤 오래된 롤렉스 시계가 전부였지만 내 신체, 재능 모두는 아버지에게, 부모에게 받은 것이다.

부모가 좋아했던 것을 하고 있으면 그것이 좋아하는 것이 된다. 통장 잔액과 아파트 평수와는 상관없이 나는 가진 것이 많다. 그렇게 생각한다. 내 안에는 언제나 좋아하는 것들이 있었으니까. 당구에 빠졌을 땐 천장에 가상의 볼을 올려놓고 쿠션을 그렸다. 머릿속에 온통 골프뿐이었을 때는 잠자기 전 누워서 상상 라운드를 했다. 18홀까지 상상 라운드를 하고도 또 다른 골프 생각에 잠을 설쳤다. 스포츠만 좋아했던 것은 아니다. 돈 좀 드는 것들도 좋아했다. 빈티지 시계를 수집한 적이 있고, 오디오 기기만 보면 심장이 요동친 적도 있다. 좋아하는 것을 좋아할 때마다 행복했다.

카피라이터로 일하고 있으니 무언가를 쓰는 것에 꽤 익숙하다. '쓰기'는 내가 좋아하는 일이다. 자판을 두들기며 글자와 문장을 생산하는 일은 참 신묘하다. 모니터에 내 글이 꽉 채워지면서 흰 공간이 사라지는 것을 보면 희열을 느낀다. 저 글자들, 저 생각들도 내가 가진 것이 된다. 잡스러운 생각이든 생산적인 생각이든 '생각이 많다'라는 문장을 '생각을 많이 가졌다'로 바꿔보면 생각의 과정도 우리를 풍요롭게 한다.

"없이 살았어요."라고 고백하는 사람이 있다. 물질 지향적인 말이지만, 없이 살았어도 '좋아하는 것'은 있었을 것이다. 어떤 나를 가졌는가가 부모님에게 물려받은 타고난 성질의 상태라면, 어떤 세상을 가질 것인가는 나에서 시작해서 세상으로 향하는 적극적인 개념이다. 자본주의 사회에서 많은 것들이 개인의 소유지만 누군가의 소유도 아니면서 모두의 소유인 것도 많다. 자연이 그렇다. 시간도 그렇다. 빌딩은 누군가의 소유지만 빌딩이 만들어내는 풍경은 모두의 소유다.

지금 가진 것을 확대 해석해보자. 부족하다고 생각하면 죽을 때까지 모자란다. '나는 가진 게 없다'라고 생각하면 마음의 빈곤에 시달린다. 우리는 생각 여하에 따라 더 가질 수도 덜 가질 수도 있다.

있어 보이려면 있어야 한다

'가성비'라는 말이 있다. '가심비'라는 말도 있다. 이 말들을 찬찬히 뜯어 보면 인간은 결국 '내가 쓴 것'에 비해 '더'라는 욕망이 있는 것 같다. 즉, '…과 비교해'가 중요하다. 흔히 얘기하는 '있어 보인다'도 마찬가지다. 있어 보인다는 것은 그만큼 있지 않다는 전제가 깔려 있다. 실제로 있어 보이는 사람이 있다. 예전엔 있어 보인다고 하면 대부분 '돈'이었다. 부자처럼 보인다는 다른 말이기도 했다. 잘 차려입어서 있어 보이는 사람도 있고, 대충 걸쳤는데도 있어 보이는 사람이 있다. 최근엔 '있어 보인다'라는 말에 '지식'이나 '취향'이 포함되어 고급스러워지는 것 같다. '매력 자본'이 많은 사람이다.

있어 보이는 사람은 일단 외모로 평가된다. 왠지 고결해 보이는 인상을 타고난 사람이 있다. 이 외모에는 목소리도 포함된다. 목소리는 외모를 이길 수 있는 또 다른 외모지만, 한편으로는 외모에 실망을 안겨주는 외모이기도 하다. 말투 역시 있어 보이는 데 지대한 역할을 한다. 문제는 이것들이 얼마나 '지속 가능'한 것이냐다. 외모가 내면을 잠시 가리고 목소리가 내용을 포장할 수는 있어도 오래 가지는 않는다. 무언가 진짜 '있어야' 한다. 아는 것이 없으면 아는 척도 '지속 가능'하지 않다. 짧은 시간 동안은 지적인 언사에 동참할 수 있을지 몰라도 시간이 흐를수록 진실은 드러난다.

돈이 없으면서 있는 척한 것이 지나치면, 그래서 누군가에게 피해를 주게 되면 그것은 '사기'다. 법적인 영역은 아니지만, 실제 본인이 아는 것보다 또는 하는 것보다 과장되게 말하면 이 역시도 '사기'에 가까운 '사행'이다. '포장'은 내용을 돋보이게 하는 것이지, 포장이 내용이 되어서는 안 된다. 왜냐하면 포장을 벗겨내는 순간, 뜯어내는 순간 우리는 실체라는 현실과 만나게 되니까. '나는 과연 있어 보일까? 없어 보일까?'를 고민하기에 앞서 '나에게는 무엇이 있는지' 먼저 생각해보자. 있어 보이려 애쓰기보다 정말 있도록 노력해보자.

첫인상은 있어 보이지 않았는데 대화할수록 있어 보이는 사람이 소위 '덕후'다. 때론 광범위한 것들을 한 번씩 좋아했던 사람의 백

과사전식 지식에 놀란다. 가도 가도 끝이 없고 파도 파도 바닥이 보이지 않는 지식에도 놀란다. '나의 덕질은 이 사람에게는 헛질 수준이겠구나'라는 자괴감과 존경이 한꺼번에 든다. 이런 사람들은 그 사람에 대한 사전지식만으로도 있어 보이지만 '이 사람이 있는 사람이구나'라는 자각의 시간까지 오래 걸리지 않는다.

그 사람은 '뭔가 있어' 이런 평을 듣고 싶다면 그리고 이런 평 후에 '뭔가 있는 줄 알았는데, 아무것도 없어'라는 후일담에 등장하지 않으려면 정말 뭔가 있어야 한다. '내가 좋아하는 것들'도 있어야 하고 사람들이 '나를 좋아하는 것들'도 있어야 한다. 있어 보이려면 있어야 한다.

무엇에 욕심낼 것인가

'욕심'은 '분수에 넘치게 무엇을 탐내거나 누리고자 하는 마음'이다. 욕심이란 말은 시대에 따라 가변적이다. 욕심은 마음일 뿐인데 죄악시했던 시절이 있었다. '욕심을 버리고…'가 미덕인 시대도 있었다. 요즘은 긍정과 부정이 뒤섞여서 상황에 따라 다른 얼굴로 고개를 내민다. 다양한 글에서 '욕망하라'라는 외침이 있는 것으로 봐서 욕심을 좋게 보려는 경향도 있다. 경향이란 원래 그렇다. 뒤집어 보면 다르게 해석할 수 있다. 욕심의 뜻에서 제일 앞에 자리 잡은 것이 '분수에 넘치게'다. 이 말은 참 모호하고 흐리멍덩하다. 분수란 무엇인가? 누가 분수를 정해주는가?

'욕망하라'라고 해놓고 '내려놓으라'라고 한다. '먼저 가라'라고 하더니 '천천히 가면 보인다'라고 한다. 어디까지가 분수고 어디부터가 욕심인지 헷갈린다. 욕심을 버리면, 내려놓으면 행복하다는 논리 역시 선뜻 동의하기 힘들다. 행복의 반대말은 불행이 아니라 불만족이라는 말도 있지만 만족에 도착하려면 불만족을 경유하지 않는가.

무언가를 원하고 하고자 하는 마음인 '소망'에 비해 '욕심'이란 말에는 에너지가 있다. 사람들을 만나다 보면 유난히 '디테일'에 집착하는 사람이 있다. 사실 그 차이를 아는 사람은 많지 않다. 그래서 '디테일'이다. 일할 때도 그렇다. 디자인도 원고도 기획서도 밤새 고치고 또 고쳤어도 다음 날 아침의 그것은 전날 저녁의 그것에서 크게 벗어나지 않을 때가 많다.

다른 사람이 그 차이를 볼 수 있다고 생각하기 때문이 아니라 스스로 그 차이를 만들어내고 스스로 만든 기준을 통과시키지 않는 사람이다. 일명 '끌로 파는 사람들'. 개인적으로 '끌로 판다'는 말을 좋아한다. 내가 그렇지 못해서이기도 하지만 끝까지 파는 사람들은 결국 차이를 만들어내기 때문이다. '덕후'는 그렇게 탄생한다. 나보다 더 파고 더 깊은 사람은 늘 있다. '적어도 팝 음악만큼은 내가 좀 아는데'라고 했다가 어느 록밴드 드럼 연주자의 아내 이름까지 대는 사람 앞에 고개를 숙인 적이 있다. NBA(미국프로농구) 통산 득점 순위 정도만 아는 내게 득점 숫자를 정확히 들이대는 사람을 보며 두 손 두 발 다 든 적도 있다. 반대 유형도 있다. '얕고 넓은' 박학다식이 그것이다. 팔방미인이라고도 한다. 남들은 일방도 어려운데 팔방이라니. 안 하는 것이 없고 모르는 것이 없다. 깊지 않을 뿐, 어느 지점에서 멈춰 있을 뿐. 이런 사람은 퀴즈에 강하다. 아무것도 모르는 사람 앞에서 전문가 행세를 해도 될 만큼 폭넓은 지식을 갖고 있다. 경제 이야기를 하다가도 프로야구 전문가로 변신할 수 있는 사람이다.

우리는 무언가를 좋아할 때 넓힐 것인가, 깊어질 것인가를 고민한다. 넓은 것은 깊을 수 없다는 전제로 말이다. 바다는 넓고 깊지만, 넓이 때문에 덜 깊어 보인다. 단순히 수치의 문제가 아니라 비례의 문제다. 넓힐 것인가 아니면 깊어질 것인가를 고민할 때는 그것이 무엇을 위한 것인지 생각해볼 필요가 있다. 남에게 보여주거나 뽐내기 위한 것은 아닐까? 누군가에게 인정받기 위한 것은 아닐까? 이럴 때 우리가 다시 한번 거슬러 올라가 눈을 부릅뜨고 쳐다봐야 할 것이 바로 '초심', 첫 마음이다. 내가 이것을 좋아했을 때의 그 첫 마음이야말로 이유를 설명해준다. 욕심은 나쁘지 않다. 초심만 잃지 않는다면….

세상에 작은 것이란 없다

'대세에 지장 없잖아'라는 말이 있다. 대세라는 말이 있다면 '소세'라는 말도 있어야 하는 것 아닌가? 이 말은 큰 흐름 속에 작은 물결은 그리 중요하지 않다는 뜻으로 보인다. 그런데 가끔 이런 생각을 해본다. 작은 것은 정말 작은 것일까? '소확행'이란 말이 있다. 소소하지만 확실한 행복. 작지만 확실하게 실행할 수 있는 행복이라면 그것은 작지 않다. 행복이란 성질이 다른 것이지 크기가 다른 것은 아니다. 카타르시스의 극단에 서 있는 행복이 소소한 행복보다 꼭 크다고 말할 수 있을까? 그냥 다른 영역에 점을 찍고 있는 다른 성질의 행복이다.

인생을 대소사로 놓고 보면, 인간은 대략 10층 정도의 높이에서 사는 것 같다. 태어나고, 학교에 몇 번 입학해 졸업하고, 군대 가고, 입사하고, 결혼, 출산, 은퇴…. 누군가는 더 많은 변화를 거쳐 10층 이상의 인생을 살기도 한다. 한 계단 한 계단 올라가는 것이 대사라면, 그 층 안의 시간은 작은 일들이 모이고 켜켜이 쌓여 만들어간다. 작은 것들이 모이면 더 이상 작지 않아진다. 작은 것들에 작지 않은 기쁨을 느끼는 시간은 많다. 평소보다 30분 먼저 퇴근하면 그 30분이 작은 것인가? 몇 끼니를 거르다가 먹는 소박한 첫 끼가 작은가?

내가 좋아하는 것들도 그렇다. 내가 좋아하는 것들은 세상이 만들고 찍어낸 큰 틀일 필요는 없다. 미슐랭 스타 레스토랑의 코스 요리보다 오래된 지하상가의 수제비가 더 큰 기쁨을 줄 때가 있다. 가격이나 맛이 아닌 기쁨의 크기만 놓고 보면 충분히 있을 수 있는 일이다. 제주도에 가면 꼭 들르는 소품 가게가 있다. 귤 색깔의 버킷 모자도 있고, 제주도 특산 과자도 있고, 손톱깎이와 볼펜까지 있다. 처음에는 우연히 들렀다가 한 시간 동안 구경했고, 갈 때마다 빠뜨리지 않고 들르게 된다. 양말도 판다. 예쁘게 봐주면 예쁘고 그렇지 않을 수도 있는 디자인이 좀 파격적인 양말이었다. 크기는 여성용인데, 그중 하나가 맘에 들어 샀다. 가격은 2,700원. 지난 가을 가장 많이 신었다. 이 양말을 작다고 할 수 있을까? 제주에만 가면 그곳에 들르는 내 발걸음을 사소하다고 할 수 있나?

우리는 크고 작은 것을 '돈'으로 나누는 경향이 있다. 비싼 것은 큰 것이고 싼 것은 작은 것으로 나눈다. 그래서인지 돈 많이 드는 취미는 큰 취미인 듯하고 그렇지 않으면 작은 취미처럼 보인다. 나는 대학교 1학년 여름방학이 지나고 본격적으로 나만의 LP를 듣기 시작했다. 여름방학 때 지붕 페인트칠 아르바이트해서 번 돈으로 턴테이블과 앰프 일체형 국산 컴포넌트를 산 게 시작이었다. 그 후 꾸준히 LP를 모으기 시작했다. CD가 나오면서 중단했다가 최근에 다시 사기 시작했지만, 누군가 집에 오면 "와, 이게 다 LP야?" 할 정도를 갖게 되었다. 당시에는 몇천 원이었지만 쌓이니까 이제는 제법 가격이 나가는 것 같다. 모인 것을 돈으로 환산하면 크겠지만 한 장이었을 때는 그냥 한 장 가격일 뿐이었다. 시간이 쌓이면 그만큼 커진다. 무거워진다.

작은 것은 결코 물리적인 크기가 아니다. 보는 사람이 어떤 감정의 렌즈를 통해서 보느냐에 따라 달라진다. '소확행'의 방점은 작고 소소한 '소'가 아니라 확실한 '확'에 찍어야 한다. 작은 것들을 작게만 보지 말자. 작은 것은 작기에 앞으로 어디까지 커질지 모른다.

다른 것을 좋아하는 사람들

세상에는 특이한 사람이 많다. 그 수를 정확히 알 수는 없지만 그 강렬함 때문인지 꽤 많아 보인다. 같은 업계에 있는 어떤 친구는 악어를 애완용으로 키운다. 왜 악어를 키우게 됐는지 묻지는 못했지만, 악어가 살 수 있는 땅을 사서 악어의 거처를 마련하고 있다고 말할 때 그는 참 행복해 보였다. 나와 너무나 다른 사람이다. 나는 좋아할 수 없는 일을 좋아하는 사람이다.

후배 중에 뮤지컬 평론가가 있다. 미디어 커뮤니케이션과 교수인데, 이 친구가 뮤지컬 전문가가 된 계기는 대학 시절 해외 배낭여행이었다. 런던에서 뮤지컬을 보고 빠진 후, 뮤지컬 전문가가 되었다. 뮤지컬을 좋아할 수는 있어도 책을 몇 권이나 쓸 수 있는 전문가는 아무나 할 수 없다.

영어로 'Collector'는 수집가다. 수집은 가장 전형적인 취미다. 헐리우드 스타나 부호들이 스포츠카를 몇 대 보유하고, 고가 시계 수집가라는 기사는 아무나 가질 수 없는 비싼 물건을 수집하는 부자의 저세상 클래스를 보여준다. 사실 세상 모든 물건은 수집 대상이다.

톰 행크스는 '타자기'를 수집한다고 한다. 톰 행크스가 검은색 뿔테 안경을 끼고 빈티지 타자기를 치고 있는 모습을 상상하면 썩 잘 어울린다. 그가 모으는 타자기들의 가격은 어마어마하겠지만 왠지 톰 행크스와 어울리는 꽤 지적인 취미로 보인다. 조니 뎁은 바비 인형을 수집한다고 한다. 시대별로 다른 모양의 바비 인형들을 전시하는 공간도 갖고 있다. 그는 딸과 놀기 위해 바비 인형을 수집했단다. 바비 인형들 사이의 조니 뎁은 안 어울리는 듯 또 어울린다. TV 프로그램에서 옛날 라면 봉지를 수집하는 사람을 본 적이 있다. 주로 산속 땅에 묻힌 라면 봉지를 찾아낸다고 한다. 그의 라면 봉지 수집품들을 보면 한국 라면의 역사를 보는 듯하다. 과자 봉지를 모으는 사람도 있고, 껌을 모으는 사람도 있다.

인간에게는 수집하는 본능이 있는 듯하다. 요즘은 추억 수집, 기억 수집, 문장 수집이란 말도 있다. 세계 금융계의 거물인 워런 버핏은 우쿨렐레 연주가 취미라고 한다. 냉철한 판단으로 수조 원의 돈을 움직이는 투자가에게 살짝 귀여운 느낌마저 드는 취미다. 무언가를 연주하는 것 역시 인류의 오래된 취미 중 하나다. 수집만큼 인간이 사랑하는 취미는 '만들기'다. 어린 시절 프라모델 조립이나 레고 조립을 경험한 이들은 이 만들기가 얼마나 큰 기쁨을 주는지 잘 안다. 만들고 부수고 새로운 것을 만드는 것은 가히 나만의 '건축'이라고 할 수 있다.

무심한 듯 계획적으로 돌탑을 쌓는 사람들은 노고에 세월이 더해져야 결과를 볼 수 있는 시간과의 싸움을 취미로 갖고 있다. 병뚜껑으로 무언가를 만들고, 나무젓가락으로 탱크 모형을 만든다. 세상엔 정말 많은 취미가 있고 이 취미들을 최고의 경지에서 완성하는 위대한 '취미가'들이 있다. 내가 어떤 취미에서 가장 뛰어난 사람이 되려면 아무도 하지 않는 일을 하면 된다. 독창적인 일을 해야 독보적인 1등을 할 수 있다.

같은 것을 좋아하는 사람들

인간은 한자로 '같을 동(同)'이 붙은 관계에 친밀감을 넘어선 동질감을 느낀다. 학교를 같이 다닌 동창, 같은 학교를 졸업한 동문, 같은 회사에 다니는 동료, 고향이 같은 동향, 심지어 같은 해에 태어난 수많은 동갑도 다른 사람과는 다르게 가깝다고 느낀다. 그중 하나가 '동호(同好)'다. 같은 것을 좋아하는 사람들이 모인 것이 동호회다. 와인을 좋아하는 사람들이 모여서 와인 동호회를 만든다. 처음에는 와인을 매개로 관계가 이어진다. 와인을 소재로 대화하고, 경험을 나누고, 같이 공부한다. 같은 것을 좋아하는 사람들끼리는 할 말이 많다. 세상 대화 중에 가장 힘든 시간이 '내가 관심 없는 것'을 이야기하면서 그 이야기가 계속될 때 아닌가. 정치에 관심 없는 사람과 정치만 관심 있는 사람이 대화하기 힘든 이유고, 자기 얘기만 하는 사람과 얘기하길 꺼리는 이유다.

어떤 사람을 처음 만났을 때 대화와 관계에 능통한 사람일수록 '같이 좋아하는 것' '좋아하는 같은 것'을 찾기 위해 노력한다. 심리학에서는 '유사성의 원리'라고 한다. 그래서 어느 순간 꼬투리가 잡히면 축구 선수 메시 수준으로 그 주제로 계속 드리블을 한다. 정말 좋아하는 것들에 관한 이야기는 몇 시간으로 부족하다. 중요한 것은 '같이 좋아하는' 것이어야 한다. 나는 가끔 좋아하는 록밴드인 AC/DC의 셔츠를 입는다. 이를 뚫어지게 때로는 힐끔 본 어떤 사람이 "하드록 좋아하세요?"라고 묻는다. 대화는 그렇게 시작되고 한동안 계속된다. 가끔 일상복, 골프복, 테니스복, 등산복 등을 통해서 그 사람이 지금 무엇을 좋아하는지 보인다. 특정 팀의 야구 모자를 보고 "나도 그 팀 팬이에요."라며 이야기를 시작하면 수십 년의 프로야구 역사가 더해지며 대화가 끝날 줄 모른다.

같은 것을 좋아하는 사람과 같은 공간에 있다는 것은 참 행운이다. 반대로 얘기하면 좋아하는 것에 공통점이 하나도 없는 사람과 같은 공간에 있어야 하는 것은 잠시라도 편하지 않다. 물론 같은 것을 좋아하지 않는다고 해서 그 사람을 좋아할 수 없다는 말은 아니다. 좋아하는 감정은 논리적으로 설명하기 힘드니까. 다만 내가 좋아하는 사람이 같은 것을 좋아했으면 하는 마음은 있지 않을까? "좋아하는 게 같으니까 함께 보내는 시간이 좋아요."라는 말은 매우 설득력이 있다. 사람마다 취향이 있어 내가 좋아하는 것을 내가 좋아하는 사람에게 강요하는 것은 쉽지 않다. 가끔은 나는 좋아하지는 않아도 좋아하는 사람을 위해 좋아하는 척할 때가 있다. 어느 정도 관계가 안정적이고 안심해도 될 만하면 "나 이제 이거 그만해도 돼?"라고 어렵게 고백하기도 한다.

같은 것을 좋아하면 친해질 가능성이 크다. 이것은 어디까지나 확률이고 가능성이다. 같은 것을 좋아한다고 해서 그 사람이 반드시 좋아지는 것은 아니다. 같은 것을 좋아하는 모임인 '동호회'엔 그 대상보다 '모임'을 좋아하는 사람들이 있다. 아니 꽤 있다. 와인이 좋아서 만나지만 거기 오는 사람을 만나기 좋아한다. 어떤 이들은 사람을 만나기 위해 동호회에 들어가기도 한다. '사람을 같이 좋아하는 사람들'이다. 누군가의 가방에서 내가 얼마전에 재밌게 읽었던 소설을 보게 됐을 때, 그 순간 그와 나는 그 소설의 두께만큼 가까워진다. 누군가의 차 안에서 나오는 플레이리스트가 나의 플레이리스트와 겹치면 그 반가움은 그 노래의 멜로디를 타고 서로에게 흐른다. 내 앞에 있는 이가 나만 알고 있다고 자부하는 브랜드의 셔츠를 입었을 때, 자부심 위에 놓인 나의 취향을 거쳐 그의 취향에 박수를 보낸다.

같은 것을 좋아한다는 것은 일종의 '안심'이다. 내가 좋아하는 것을 좋아하는 것을 보면 '이 사람이 나쁜 사람은 아니겠구나 그리고 나랑 잘 맞겠구나'라며 마음의 문을 열기 시작한다. 일종의 징표다. 그런 사람이 주변에 많다면 그 사람이 바로 '좋아하는 것 부자'다.

수많은 수집가

수집은 어쩌면 인간의 본능이다. 나만 갖고 싶어서, 공유하고 싶지 않아서 모았는데 박물관 등을 통해 많은 사람과 공유하게 되는 것이 수집의 아이러니다. 소유하고 싶은 인간의 마음, 오래도록 소장하고 싶은 마음이 물건과 함께 수집된다. 남들이 갖지 못하는 진귀한 물건을 모으기도 하지만, 그냥 버려지는 것들을 많이 모아놓으면 그만큼 가치가 올라가기도 한다. 죽을 때 들고 갈 것도 아닐 텐데 인간은 왜 이렇게 수집하는 걸까? 물론 진시황의 병마용갱이나 이집트의 피라미드처럼 최상위 권력자들은 죽어서도 함께할 것들을 수집하기는 했다.

예전엔 귀한 것들 그리고 후에 돈이 될 만한 것들, 일종의 투자 개념으로 수집을 바라봤다면 지금은 조금 더 다양하게 바뀐 듯하다.

시간 수집, 추억 수집 같은 단어들의 등장도 인간이 수집하는 것이 단순한 물건만이 아님을 말해준다. 라이터가 귀하던 시절에는 주로 성냥을 썼다. 그 시절엔 카페도 많았다. 별땡땡 커피전문점도 없었으니 커피 마시려면 '샤갈의 눈 내리는 마을'이나 '추억 만들기' 같은 다소 문학적인 이름의 카페에 가야 했다. 그런 카페나 호프집마다 고유의 성냥갑이 있었다. 각기 다른 타이포그래피와 전화번호가 적혀있는 성냥갑은 예쁜 것도 특이한 것도 있었다. 당시에 그 성냥갑을 모으는 친구들이 꽤 있었다. 성냥갑 안에 누구를 만났는지 어디에 갔는지 적어 놓는 사람도 있었다. 화가 이중섭이 담뱃갑에 그림을 그렸던 것처럼 말이다. 나도 그중 하나였다. 지금 그 성냥갑들이 남아있지는 않다. 모으는 것은 영원히 갖기 위해서지만 버리기 위해서이기도 하니까. 만일 그 성냥갑들이 지금 내 앞에 있다면 카페의 이름들을 보고 성냥갑을 열어 그 시간과 기억을 만날지도 모르겠다. 모은 것은 성냥갑뿐 아니라 그 안에 오래도록 갇혀 있어 꺼내달라고 말하는 추억과 함께니까.

수집가들의 특징 중 하나가 다른 사람은 모르는 '다름'을 보고 느낀다는 것이다. 노을을 좋아하는 사람이 있다. 그의 카메라와 핸드폰에는 노을 사진이 가득하다. 다른 사람이 보면 별 차이가 없어 보인다. "이거 다 똑같은 거 아냐?"라는 말에 심하게 화를 내는 사람들이 수집가다. 같아 보이지만 같지 않은 가치가 인간에게 수집하도록 만든다.

수집가들의 또 다른 특징은 혼자 보기 아깝다는 것이다. 귀하고 가치 있는 수억, 수십억 원의 문화재급 미술품을 모은 수집가에게도, 사소하고 흔한 것을 모은 수집가에게도 보여주고 싶은 사람이 한 명은 있다. '나 이거 갖고 있어'라고 하면서 보여주고 싶은 사람. 누군가 병뚜껑을 모은다. 예쁜 것들을 종류별로 모으는 것도 아니다. 그냥 무조건 모은다. 방에 차고 옥상에 꽉 찰 정도로 모은다. 이렇게 모으는 사람은 도대체 어떤 사람일지 궁금했는데, 자기가 모은 병뚜껑들을 보여주면서 기쁨에 찬 그의 얼굴도 보게 됐다. 모을 때만큼 보여줄 때 행복해 보였다.

매일 아침에 하는 산책도 수집일 수 있다. '아침 풍경 수집'이라고 할 수 있지 않을까? 아니면 '매일 아침 수집'이 될 수도 있겠다. 사진을 많이 찍는 사람들은 사진을 수집하는 것이 아니라 그 안에 찍힌 시간과 계절, 사람을 수집하는 것이다. 내가 가장 행복했던 순간들을 사진으로 찍어 놓는다면 '행복 수집'이 되지 않을까? 그런 의미에서 '시간 수집'이란 말은 태어나서 사라져가는 인간의 가장 근본적인 수집이라고 할 수 있다.

'내려놓기'와 함께 현대인의 덕목 중 하나가 '버리기'다. 입지 않는 옷을 과감하게 버리는 것, 쓰지 않는 것을 버리는 것. 하지만 이 '버리기'도 결국 버릴 것이 많다는 전제이므로, 모으고 수집하는 것을 먼저 경험한 후 일이다. 세상에는 수많은 수집 거리가 있다. 폐지와 빈 병도 모으면 돈이 되는 세상이다.

경험 부자

아는 게 많은 사람이 부럽다. 그런데 그보다는 나보다 많은 것을 경험한 사람이 더 부럽다. 아는 것과 경험이 비례할 수도 있지만 굳이 둘을 비교하자면 그렇다. 경험 많은 사람과 경험 많은 척하는 사람은 당연히 다르다. 경험이 많은 사람은 일단 화제가 풍부하다. 소위 '대화 끼어들기'에 쉽다. 굳이 대화의 주제를 본인이 원하는 쪽으로 돌리려 하지 않아도 된다. 다양한 경험은 결국 다양한 이야기다.

경험이 풍부한 사람은 화제가 풍부할 뿐 아니라 대화의 결론이나 인증이 되기도 한다. 어떤 주제를 가지고 이야기하는 시간에 "내가 해봐서 아는데…." "내가 가봐서 아는데…."보다 확실한 물증이 어디 있는가. 참 신기한 것은 똑같은 길이의 인생이 주어졌는데, 누구는 굵은 소시지처럼 꽉 채워져 이어져 있고, 누구는 얇은 국수처럼 가늘게 이어져 있다. 같은 길이의 인생을 살았어도 그 두께가 다르고 색깔이 다르다. 경험 많은 사람은 리더가 된다. 어떤 일이든 가장 확실한 결론은 '경험'에 의존하기 때문이다.

파란만장한 삶을 살았다는 사람들을 보면 불우한 인생의 역정이 군데군데 놓여 있다. 성공하고 실패하고 다시 일어서고 넘어지면서 다양한 직업을 거치고 굴곡진 인생엔 암울한 터널마저 지나야 했던 인생들이다. 그런데 별 고난 없는 인생을 살면서도 엄청난 경험을 가진 '경험 부자'가 있다. 적어도 나보다 많은 경험을 가진 사람은 다 부자다. 나는 안 가봤는데 벌써 두 번이나 그곳에 가봤고, 이번에 세 번째로 간다는 부자. 나는 관심도 안 가져본 요가를 정말 좋아해 요가 책 서점을 차린다는 부자. 갑자기 '목수 선언'을 해서 깜짝 놀랐는데 알고 보니 지난 몇 년간 목수 수업을 받았다는 부자. 도대체 그 부자들은 언제 그 경험들을 쌓았을까?

경험 부자 중엔 남과 같은 것을 좋아하면서 더 많은 것을 경험한 부자가 있다. 이를테면 남보다 더 많은 경험이라는 자산을 가진, 마치 보석 수집하듯 남들이 하지 않는 경험을 한 부자들이다. 분명 부자다. 경험 자산이 많으니 마땅히 부자다. 이들은 경험을 두려워하지 않는다. 때론 경험이라는 가치를 대단치 않게 생각할 때 더 많은 것을 경험하게 된다. 경험을 쉽게 생각한다. 새로운 것을 경험하기 좋아하는 사람들은 '나도'라는 마음이 강하다. '나도 할 수 있어' '나도 해야지'다. 용기도 필요하다. 바로 '나도 못할 수 있다'라는 용기다. 잘하는 것만 또는 재밌는 것만 골라서 경험한다면 그 폭은 좁아지고 경험할 만한 것들조차 줄어들지 않을까?

'생각보다'라는 말이 있다. '생각보다 괜찮은데…' '생각보다 재밌는데…' 이 말은 생각과 경험은 다를 가능성이 높으며 때론 위축된 생각이 경험을 방해한다는 의미다. TV를 보면 여행지에 가서 낯선 음식을 먹는 장면이 나온다. 한국에서는 도저히 상상할 수 없는 음식이다. 그런 음식을 먹고 하는 말이 '생각보다 맛있는데?'다. 한국에 여행 온 외국인이 산낙지를 먹는 것도 생각하면 못할 짓이지만 이들에겐 '하면 할 수 있다' 정신이다.

어떻게 하면 경험 부자가 될 수 있을까? 무책임하게 들리지만 '하면 된다' 무엇이든 두려워 말고 '하면 된다' 지금. 이 순간에도 무언가를 하고 있어야 한다. 나는 '한다'라는 말을 좋아한다. 이 말은 내가 무언가를 경험하고 있다는 말이다. 그래서인지 '배워서 한다'라는 말보다 '하면서 배운다'라는 말이 더 타당하게 들린다.

시간 안에 시간 있다

'시테크'라는 말이 유행한 적이 있다. 시간은 모든 사람에게 똑같이 주어진 재산이니 어떻게 관리하느냐에 따라 인생이 달라질 수 있다는 말이었다. 맞다. 나는 대단히 부지런한 사람은 아니지만 시간을 '쪼개 쓰는 것'은 잘하는 편이다. 멀티태스킹일 수 있다. 내가 좋아하는 것을 할 수 있는 시간을 더 큰 시간 안에서 그 시간을 만들어 쪼갠다.

시간을 잘 쓰는 방법 중 하나가 '…하기 좋은 시간'을 찾아내는 것이다. 24시간 안에는 '당연히 이것을 해야 해'라는 시간은 없다. 규칙은 스스로 만드는 것이다. 아침밥을 반드시 먹어야 하는 사람이 있고 그렇지 않은 사람이 있다. 뛰기 좋은 시간이 있고 뛰고 싶은 시간이 있다. 아무것도 안 하고 싶은 시간이 있고, 책 읽기 좋은 시간이 있다. 그 시간을 잘 쓰면 다른 일에 시간을 조금 여유 있게 양보해줄 수 있다. 어리고 젊을 때는 저녁형이었다가 나이가 들면서 아침형 인간으로 바뀌는 사람이 많다. 나이들면 아침잠은 없어지고 저녁잠이 많아져서라고 한다.

나는 우연한 경험 덕분에 아침형 인간이 되었다. 다음날 회의 준비를 채 못하고 퇴근했다. 늦은 저녁을 먹고 일을 하려고 했는데 깜빡 잠이 들었다. 깨어 보니 새벽 2시 반이었다. '아, 시간이 훅 가버렸네'라고 생각하고 그때부터 일하기 시작했다. 그러고는 마치 밤과 새벽 사이의 어둠에서 초능력을 부여받은 사람처럼 엄청난 집중력으로 일을 해냈다. '이 정도면 되겠네'라고 안도하며 시간을 보니, 내가 생각한 시간의 반도 안 지났었다.

'내가 무언가에 온전하게 집중해서 최대한의 능력을 끌어올릴 수 있는 시간이 이 시간이구나'라고 생각하니 새벽 3시는 내게 '능력을 내리는 시간'이 되었다. 그때부터 가장 중요한 일들은 그 시간에 맞춰서 하기 시작했다. 신기하게도 낮에 하루 종일 고민하며 머리를 싸맸던 일들이 새벽 3시가 되면 별거 아닌 일인 양 척척 해내게 되었다. 새벽 3시부터 여명이 밝아오기까지 아이디어를 냈고 광고 문구를 썼고 몇 권의 책을 썼다. 신문이나 잡지에 기고하는 원고도 모두 그 시간에 썼다. 어느 순간부터는 아예 하루의 다른 시간에는 원고를 쓸 시도조차 하지 않았다. 그 시간은 나에게 선물 같은 시간이었고, 가장 온전하게 나 자신에게 쏟아붓는 시간이었다.

내가 무언가를 보거나 읽는 시간은 대부분 반신욕 하는 시간이다. 주로 아침이지만 가끔은 낮이나 저녁 시간일 때도 있다. 욕조에 따듯한 물을 채우고 책 한 권을 갖고 들어간다. 가끔 실수로 책이 물에 젖어 쭈글쭈글해지기도 하지만, 글자와 글자들이 얽히고설켜 만들어내는 이야기가 가장 잘 읽히는 시간이다. 반신욕을 하면서 책 읽는 일, 반신욕이라는 시간 안에 독서라는 시간이 있다.

'하루 중에 가장 행복한 시간이 언제?'라는 질문에 저녁에 맥주 마시면서 축구 보는 시간이라는 소박한 답을 하는 사람이 있다. 축구 보는 시간과 맥주 마시는 시간의 하이브리드. 멀티태스킹은 현대인의 스트레스 지수 상위 순위지만, 좋아하는 것의 멀티태스킹은 아주 효율적인 '펀테크'라고 할 수 있겠다.

하루를 돌이켜보면, 내가 가장 좋아하는 시간이 있고, 내가 가장 집중할 수 있는 시간이 있다. 그리고 그 시간 안에 또 어떤 시간이 있는지 찾아보자. 이는 마치 시간의 분화와도 같다. 그냥 산책하면 매일 같겠지만 그 모습들을 다르게 촬영하면 그 시간 안에 또 다른 시간을 만들어낼 수 있다. 누군가는 매일 타는 지하철 안에서 시 한 줄을 생각한다.

발견의 기쁨

인간에게는 '찾아내는' 욕망이 있다. 세상에 나와서 가장 먼저 하는 놀이가 숨고 찾아내는 숨바꼭질이고, '보물찾기'라는 이름으로 무언가를 숨기고 찾아낸다. 수많은 포털 사이트가 난무했지만 결국 '검색창'이 승자가 된 것도 이러한 욕망에 기인하지 않을까? '찾아내기'를 좀 더 근사하게 말하면 '발견'이다. 인류의 역사는 '발견'의 역사다. 새로운 대륙을 발견하고, 자원을 발견하고, 인류에게 쓸모 있는 것들을 끊임없이 발견해온 시간이다. '발명'도 의미의 크기로 견주어볼 때 발견 안에 넣어둬도 되지 않을까?

예전엔 발견을 위해서 '발품'을 팔아야 했다. 가봐야 했고, 최소한 근처에 얼씬거려야 했다. 맛집이나 핫플은 가봐야만 알 수 있었다. 지금도 품은 팔아야 한다. 다만 굳이 가볼 필요는 없다. 이미 수많은 정보가 있다. 컴퓨터 자판을 두들기고 마우스를 조금 움직이거나 스마트폰으로도 한 명이 아닌 수많은 사람이 기록한 정보들을 볼 수 있다. 다른 사람의 SNS를 통해 이미 가본 사람들, 써본 사람들의 경험을 얻을 수 있다. 이 역시 최소한의 노력은 필요하다.

인생의 수많은 발견 중 가장 놀라웠던 것이 '새로운 나'를 발견한 일이다. '나는 안 그런 줄 알았는데…' '내가 이렇다고?'다. '나는 승부욕이 없는 게 문제야'라고 말했던 친구가 내기 당구에서 지고 씩씩거린다. "난 배부르면 불편해서 먹고 싶은 것의 3분의 2만 먹어."라고 말했는데, 진짜 맛있는 음식 앞에서 젓가락을 놓지 않는다. 모든 것을 포용하고 이해심만큼은 어디 내놔도 자신 있었는데, 어느 순간 '질투의 화신'이 되어있다. 단 한번 친구 따라간 캠핑이 어떤 사람의 인생을 바꾼다. "여행 가려면 호텔에서 자야지, 조식도 먹고 건조하고 푹신한 침대에서 자는 그런 게 여행이지."라며 객기 부렸는데, 벌레도 많고 눅눅한 텐트에서 자야 하는 캠핑을 좋아할 줄 누가 알았겠는가. 새로운 곳도, 새로운 것도, 새로운 사람도 찾아 나서면 늘 발견할 수 있다.

대체로 새로운 것을 할 때 '새로운 나'도 발견한다. 스포츠를 예로 들면 늘 팀으로 하는 경기를 하다가 개인이 하는 스포츠를 하게 되면 팀플레이에 익숙해서 몰랐던 '새로운 나'를 발견하게 된다. 반대의 경우도 그렇다. 개인전을 하다가 팀전을 하면 의외로 부담감을 느끼는 사람들이 있다. 다른 사람에게 민폐가 되는 것을 정말 싫어하는 나, 이 역시 전에 몰랐던 '새로운 나'다. 결국 발견의 노력은 '활동의 노력'이고 새로운 노력이다.

발견을 많이 한다는 것은 더 많이 갖게 되는 것이다. 좋은 곳을 남보다 많이 알면 '좋은 곳' 부자다. 맛집을 남보다 많이 알게 되면 '맛집' 부자다. 많이 발견할수록 부자가 된다. 우연한 발견은 말 그대로 우연일 뿐이다. 궁금함이 없으면, 호기심이 없으면 발견할 수 없다. 이 길을 쭉 따라가면 무엇이 있을까? 이 책의 다음 장에는 어떤 이야기가 담겨 있을까? 궁금해야 찾는다. 세상에 내가 좋아할 만한 것들은 생각보다 꼭꼭 숨어 있지 않다. 지금보다 조금만 더 걸어가면 조금만 더 눈을 크게 뜨면 보인다. 발견하는 인생이 발전하는 인생이다. 발견은 곧 노력이다.

좋아하는 것과 잘하는 것

골프를 오래 하면서 가장 크게 느낀 점은 '좋아한다고 잘하는 것은 아니다'이다. 좋아하는 마음은 잘하려는 마음이다. 좋아하는데 잘하고 싶은 건 당연하지 않은가. 그런데 그 일방적인 마음이 반드시 좋은 결과로 돌아오지는 않는다. 물론 지속적인 노력으로 어느 수준까지는 잘할 수 있다. 하지만 좋아하는 마음이 크면 클수록 기대하는 결과도 크기 때문에 좋아하는 만큼 잘한다고 생각하지 않게 된다. 그렇다면 이렇게 질문할 수도 있다.

'잘하는 것을 무조건 좋아할 수 있을까?' 대체로 좋아할 가능성이 크다. 잘하는 것에 대한 만족감은 여기저기서 방사형으로 온다. 공부를 잘했다고 치자. 집안에서 동네에서 교회에서 또는 부모님이나 친구들한테 칭송과 부러움을 받는다. 누군가에게 인정받으면 스스로를 인정하게 되고 칭찬하게 만든다. 하지만 동시에 계속 잘해야 한다는 부담이 생긴다. 분명 재능이 있고 잘하는 것이지만 잘해야 한다는 압박감이 생기면 잘한 것에 대해 칭찬하는 마음보다 '이번에도 잘 해냈구나'처럼 일종의 '미션 수행'이 되어버린다. 이러다 보면 잘해도 흥미를 잃을 수 있다. 좋아하는 것도 마찬가지다. 처음엔 아무 조건 없이 좋아했는데, 기왕에 좋아하는 것이니 잘해야겠다는 생각이 드는 순간이 있다. 그 순간부터 불행은 시작된다.

좋아한다고 잘하는 것은 아니다. 그렇다고 못해도 좋다는 마음을 갖기는 쉽지 않다. 좋아하는 마음은 무언가를 더 오래 잡고 있을 수 있지만, 오래 붙잡고 매달린다고 반드시 잘할 수 있지는 않다. 이럴 때 우리는 '내가 이것을 왜 좋아했지?' 하는 초심으로 돌아갈 필요가 있다. 아무 생각 없이 뛰는 게 좋았는데, 어느 지점부터 빨리 뛰고 싶다. 아니면 더 멀리 오래 뛰고 싶다. 좋아하는 것을 숫자 또는 기록으로 평가받기 시작하면 잘하고 싶은 마음이 더 깊어진다.

돌이켜보면, 당구를 제일 못 칠 때가 가장 행복했다. 테니스공을 겨우 네트에 넘길 때 흥미진진했다. 무언가에 도전했으나 서툴

렀을 때 우리 마음은 더 열렬했다. 아마도 그것이 그냥 좋은 순수한 마음과 '이렇게 좋아하다 보면 언젠가는 잘하겠지'라는 마음이 함께 있었을 것이다. 어떤 것을 잘 못해서 좋아하는 마음이 떠나갈 수 있다. 그 마음을 반드시 다시 잡을 필요는 없지만, 다시 돌아가고 싶다면 마음부터 다시 그때로 돌아가보자. 오롯이 좋아하는 마음, 그 하나의 마음만으로 돌아가보자.

좋아하는데 잘하지 못하면 자신에게 실망하게 된다. 이런 말을 하는 사람이 있다. "마음만 먹으면 잘할 수 있지." 나도 하면 할 수 있는데 못하는 것은 하고 싶은 간절한 마음이 부족해서라고 생각하는 사람이 많다. 그러다가 뒤늦게 무언가를 좋아했다가 잘할 수 없는 자신과 만나게 된다. 실망하지 말자. 못해도 좋아하는 마음은 지킬 수 있다. 좋아한다고 이기려 하지 말자. 좋아하니까 즐겨보자.

무언가를 좋아할 때 명심할 것이 있다. 좋아한다고 프로페셔널이 되지는 않는다는 것. 예전에 '대학가요제'가 있었다. 어떤 참가자는 대학가요제를 통해 가수가 되려 했고, 또 어떤 참가자는 청춘의 추억을 만들기 위해 노래했다. 가끔 그때 참가했던 대학생들이 수십 년이 지난 후, 가요 프로그램에 나와서 노래하는 것을 보았다. 중년이 되고 청춘의 빛은 바랬지만 아직도 노래를 사랑했던 시간을 사랑하며 나이들고 있는 게 느껴진다.

좋아하는 것을 좋아하는 것으로 남기는 것은 어쩌면 잘하지 않아도 된다는 생각에서부터 출발할지 모른다. 좋아한다고 반드시 잘할 수는 없지만, 잘할 수 없을 것 같아 좋아하는 마음을 외면하는 것은 최악이지 않을까?

나는 하고 있다

"요즘 뭐 하고 살아?" 참 난감한 질문이다. 난감한 질문인데 참 많이 주고받는다. 지난번에 비해 딱히 달라진 게 없는데 달라진 게 없으니 답할 말도 없는데 말이다. "응, 그냥 똑같지 뭐. 별거 없어."라고 답할 때가 많다. 가끔은 "글쎄, 내가 뭐 하고 살지?"라고 자문하며 답하는 사람도 있다. 이런 질문을 받았을 때 당당하고 자랑스럽게 "응. 요즘 이런 거 해."라고 답할 수 있으면 꽤 뿌듯하지 않을까? 그런데 가끔 '정말 똑같을까?' '정말 별걸 안 하는 걸까?'라는 생각이 든다. 그저 오랜 말 습관처럼 별거 없다고 답하는 건 아닐까? 작년의 나와 올해의 나는 정말 하는 게 똑같을까? 똑같다면 왜 그런 걸까? 자신에게 물어볼 필요가 있다.

때론 조금 억지스럽더라도 "나는 ○○을 하고 있어."라고 답한다면 별다르지 않다는 답보다 내가 살아있음을 느끼지 않을까? 실은 누군가가 "요즘 필라테스 배우고 있어." "요즘 책 쓰고 있어." "요즘 반려 식물 키우는 재미로 살아." 같은 말을 들으면 살짝 질투와 열등감을 느끼는데, 느끼기만 하면 무슨 소용인가. 나도 뭔가 거리를 만들어야지. 이런 답 중 하나가 "응. 뭐 뭐 준비하고 있어."다. 광고 일을 오래 하다 보니 경쟁 프레젠테이션을 많이 한다. 몇 개 회사가 광고 수주를 위해 전략을 짜고 크리에이티브를 준비하고 프레젠테이션하는 과정이다. "경쟁 프레젠테이션 준비하고 있지."와 "경쟁 프레젠테이션이 있어서 아이디어 열심히 내고 있지."는 다르게 느껴진다. 개인적으로는 후자처럼 말할 때가 좋다. 지금 무언가를 하고 있다는 느낌이 강하기 때문이다. '나는 하고 있다'는 '나는 살아있다'와 같은 말이다. 살아있기에 무언가를 하는 것이지만, 무언가를 하고 있기에 살아있는 것이다. 구체적으로 말할수록 '내가 무언가를 하고 있구나'라는 생각이 들지 않을까?

"응. 그냥 있어."보다는 "TV 보고 있지."가 좀 더 구체적이다. "TV 보고 있지."보다 "넷플릭스 보고 있지."가 "넷플릭스에서 ○○ 보고 있지."가 더 구체적이다. '구체적 언어'는 '행동적 언어'다. 언어만으로도 내가 무언가를 하는 사람이 될 수 있다. 어떤 사람은 이런 언어습관을 'TMI'라고도 할 수 있지만, 여러 번 이야기하지 않고 한마디로 한다는 점에서는 더 효율적이지 않을까? "나는 하고 있다."라고 말하는 습관을 만들어보자. "그냥 밖이야."보다 "○○백화점에 쇼핑하러 와서 돌아다니고 있어."라고 말해보자. 말 습관이 나를 '하는 사람'으로 바꿀 수 있다.

종종 남의 눈치를 보거나 스스로 부끄러워서 하고 있는데도 하고 있다고 말하지 못하는 것들이 있다. "네 주제에 그걸 한다고?"라는 노골적인 지적이 싫고, "아. 그래…"라는 미심쩍은 반응도 두려워 말하지 못한다. 그런데 말하지 않으면 지금 하는 그것을 쉽게 중도에 포기할 수 있다. "응. 요즘 책 쓰고 있어."라고 말했다면, 아니 말해 버렸다면 좀 더 될 때까지 글쓰기에 정진하지 않을까? "응. 요즘 주짓수 배우고 있어."라고 말했다면 적어도 벨트 색깔이 한두 번 바뀔 때까지는 계속 하지 않을까?

인간은 아무것도 안 한다고 느낄 때 '존재의 가치'를 생각한다. 나는 지금 무엇을 하고 있는가? 나의 존재 의미는 무엇인가? 그래서 스스로를 '있는 인간'에서 '하는 인간'으로 만들 필요가 있다. 1년 동안, 하루 동안 그냥 있는 것이 아니고 그 시간에 나는 하는 것이다. 나란 존재는 무언가를 하고 있을 때 빛난다.

나는 무엇에 바쁜가

항상 바쁜 사람이 있고, 항상 안 바쁜 사람이 있다. 바쁜 정도는 물리적으로 다르겠지만, 느끼는 것은 상대적이다. 하는 일이나 결과물을 보면 분명 바빠야 하는데, "별로 안 바빠."라는 말이 자동응답처럼 나오는 사람이 있고, "내가 요즘 바빠서."로 모든 대화의 초입을 장식하는 사람이 있다. 바쁨은 말하는 습관 차이일 수 있다. 바쁘다는 말이 입에 배면 몸에 배는 것 같다. 지금 내가 바쁜지, 안 바쁜지에 대한 생각도 중요하지만, 무엇에 바쁜가를 돌아보는 것도 중요하지 않을까? 바쁘다고 말하면서도 '뭐 때문에 바쁜데?'라는 추가 질문에 주저하면서 "응. 그냥. 이것저것 때문에."라고 말한다면 나는 지금 무엇에 바쁜지 모르는 것이다.

나를 바쁘게 하는 것들은 두 가지로 나눌 수 있다. '의무적인 바쁨'과 '자발적인 바쁨'이다. 생계를 위해 반드시 해야 하는 일로 바쁜 것과 좋아하는 것들을 하기 위해 기꺼이 부지런해지는 바쁨이다. 좋아하는 사람이 많으면 자발적으로 바쁘다. 흔히 '오지랖이 넓다'라고도 하지만, 사람은 만나야 한다고 생각하는 사람이다. 그 횟수에 대한 기준도 다르다. 어떤 사람은 '1년에 한 번 만나면 절친'이라는 기준이 있지만, 적어도 몇 달에 한 번은 만나야 친구라고 주장하는 사람도 있다. 모임을 만들면 모임의 횟수에 대해 의견이 분분한 것도 이런 성향 차이다. 사람을 만나도 바쁜 것에 대한 저항감이 전혀 없는 것이다.

좋아하는 것이 많으면 또 자발적으로 바쁘다. 부지런하기 그지없다. 바쁘다는 것의 다른 정의는 '시간을 아낌없이 투자하는 것'이다. 좋아하는 것을 하느라 바쁘고 그것을 준비하고 공부하느라 바쁘다. 같은 것을 좋아하는 사람들과 교류하느라 또 바쁘다. 이렇듯 자발적으로 '바쁜 것'이 현재 내가 가장 좋아하는 것이다. '바쁘지만 행복해'라고 말한다면 경제적으로 그만큼 혜택이 있는 것이다. 직장인이라면 연봉으로 그만큼의 보상이 있는 것이고, 비즈니스 하는 사람이라면 그만큼의 매출과 수익이 있는 것이다. 반대로 '그냥 바쁘기만 해'는 어떤가. 열심히 뛰고 있고 누구보다 바쁘지만 그만큼의 성과가 없다. 그리고 앞으로도 지금보다 나아질 것 같지 않다. 바쁨의 끝에 어떤 결과가 오느냐에 따라 그 바쁨의 성격이 규정된다.

내가 좋아하는 것으로 바쁜 것은 굳이 결과를 상정할 필요가 없다. 바쁘게 무언가를 좋아하는 과정이 곧 결과이기 때문에. 의무적인 바쁨 때문에 자발적인 바쁨을 만들 수 없다고 할 수도 있지만 그러다 보면 결국 '바쁨의 기쁨'을 잃게 되지 않을까? 나는 지금 무엇에 바쁜가? 나는 지금 어떤 사람에게 바쁜가? 나는 지금 무엇을 좋아하는가?

시간은 똑같이 흐르지 않는다

세상에서 가장 상대적인 것이 시간이다. 흔히 나이들수록 시간이 빠르게 지나간다고 말하지만, 지난 세월에 대한 후회가 합해져 더 빠르게 느껴지는 것이리라. 사람들은 바쁘면 시간이 빠르게 간다고 믿고, 아무 일도 안 하고 있으면 시간은 '세월아, 네월아' 간다고 말한다. 정말 그럴까? '시간 가는 줄 몰랐네'라는 말은 시간이 빨리 간 걸까? 이 말은 시간의 속도만 이야기하는 것 같지는 않다. 시간을 초월하는 시간의 의미가 있는 것 같다. 얼마나 재밌었으면, 얼마나 몰입했으면 시간 가는 줄 몰랐을까?

우리에게 그런 시간이 바로 '좋아하는 것'을 하는 시간이다. 어느 방송국 프로그램에서 나무젓가락으로 무언가를 만드는 청년을 소개했다. 총도 만들고 탱크도 만들고 나무젓가락이 깎이고 쌓여 항공모함이 되었다. 실제 항공모함과 비교해보니 거의 비슷했다. 정말 놀라운 것은 그 청년은 작업을 한번 시작하면 열 시간 이상을 그 자리에서 쉼 없이 작업한다는 점이다. 누군가 '원래 그런 사람이 있어, 엉덩이는 무겁고 성격상 인내심이 강한가 보지'라고 말할지 모른다. 나는 여기서 궁금해진다. '이 청년이 공부를 그렇게 했을까?' '열 시간 동안 자리 안 뜨고 공부만 했을까?' 좋아하는 것은 엉덩이를 무겁게 한다. 반대로 가볍게도 한다. 걷는 것을 좋아하는 이의 엉덩이는 세상 여기저기로 가볍게 흘러가지 않는가.

세상에서 가장 짧았지만 길었던 시간은 대부분 가장 곤란한 상황이나 가장 절실히 무언가를 기다리는 시간이다. "일 분이 한 시간 같았어."라고도 말한다. 몸이 너무 힘들 때도 시간이 잘 안 간다. 반대로 긴 시간이었지만 짧게 느꼈던 시간은 무언가에 엄청나게 몰두했던 순간이다. 그렇다면 이렇게 물어볼 수 있다. '좋아하는 것을 많이 할수록 시간이 빨리 가면, 인생도 빨리 가는 것 아닐까? 그렇게 느껴지는 것은 아닐까?' 그 당시에는 그럴 수 있지만 시간이 흐른 후 회상하면 그렇지 않다. 사진처럼 많은 이미지를 기억하는 사람이 상대적으로 인생을 길게 느낀다고 한다.

시간은 인간에게 공평하게 주어진 재산이다. 누구에게 물려받지 않아도 대단한 노력으로 벌지 않아도 주어지는 무상의 천연자원이다. 그런데 이 시간은 모든 사람에게 똑같이 흐르지 않는다. 강물이 강폭이나 경사에 따라 다르게 흐르는 것과 같다. 단순히 속도의 문제만은 아니다. 시간 안에 시간이 있다. 천연자원으로 주어진 시간 안에 나의 시간을 어떻게 쓰느냐의 문제다. 왜냐하면 인간은 아무것도 안 하는 것이 불가능하기 때문이다. 아무것도 안 한다고 말은 그렇게 해도 무언가 하고 있다. 어떤 사람은 시간 안에 불평과 후회와 걱정을 넣는다. 어떤 사람은 시간 안에 즐거움과 재미와 신남을 넣는다. 역설적으로 아무것도 하지 않으면 머리가 더 복잡해지고, 무언가에 엄청나게 몰입하면 실제로 머리는 지극히 단순해지는 때가 있다.

"재미가 없다면 인생이 아니다."라고 극단적으로 말하는 사람도 있다. 이 모든 것은 우리에게 주어진 시간 안에 무엇을 넣느냐의 문제다. 시간 안에 '좋아하는 것'을 넣자. 좋은 시간은 '좋아하는 것'이 만든다.

재능의 나이

"모든 일에는 때가 있다." 이 말에 동의한다. 그러나 한편으로 동의하지 않는다. 세계적인 음악가나 운동선수들의 인터뷰를 보면 세 살 때부터 피아노 건반을 두들겼다, 세 살 때부터 골프채를 잡았다, 농구공을 잡았다고 한다. 전문가들은 프로페셔널이 되기 위해서는 그 재능을 일찍 알아보고 그에 맞게 시작하는 것이 중요하다고 주장한다. 맞는 말이다. 대단한 사람이 되기 위해서는 그렇다. 하지만 우리 대부분은 대단한 사람들이 아니다. 보통 사람에게는 재능에 나이는 없다고 생각한다. 무엇을 못 하는 첫 번째 이유가 어릴 때 시작하지 않았기 때문이라면 무조건 일찍 시작한 사람이 성공한다는 전제가 필요하다. 그렇지 않은 경우를 우리는 많아 봐왔다.

재능은 타인에 의해 발견된다. 스스로 잘한다고 느끼기 전에 주변 사람이 먼저 발견한다. 여기서 정작 본인은 "나는 그냥 재밌어서 열심히 했어요."라고 말한다는 점이 중요하다. 사람들은 재능이라 부르지만 본인은 재미라고 말한다. 어쩌면 무언가를 잘하는 재능의 시작은 재미일지도 모른다. '재미'라는 재능이다. 이 재능은 왠지 어린 사람의 단어 같다. 타이거 우즈는 다섯 살에 홀인원을 했다. 누구는 몇 살 때 쇼팽을 쳤다. 이강인이 TV 예능 프로그램에 나와 여러 아이를 제치고 골을 넣었을 때가 다섯 살이었다. 재능의 나이는 어리다. 그런데 꼭 그렇지만은 않다. 적어도 취미 수준으로 무언가를 좋아하는 사람들에게는 말이다. 뒤늦게 시작했다고 재능이 뒤늦은 것은 아니다. 이미 있었던 것을 조금 늦게 시작했을 뿐이다.

노년에 자전거 타기를 시작했다가 자전거 타는 재능을 발견할 수 있다. 페달 밟는 속도가 빠르고 쉽게 지치지 않는 체력이라면 충분히 재능이라고 말할 수 있다. 광고업계에서 일하다 보니 주변에 미대 출신들이 많다. 가끔 그들이 대충 그리는 그림들을 보며 감탄한다. 지루한 회의 시간에 기획서 구석에 끄적거린 어벤져스 그림을 보고 '저게 재능이구나'라고 생각한 적이 있다. 그런데 미술 전공자가 아닌데도 이런 재능을 가진 이들이 있어서 자주 놀란다. 카피라이터가 그린 일러스트가 전문 일러스트레이터 못지않아 놀라기도 한다. 그런 친구들에게 그 재능으로 무언가를 해보라고 말한다. 책을 내보라고 권하고 작품으로 전시도 해보라고 한다. 그러면 '이 나이에…'라는 반응이 돌아오곤 한다. 다시 말하지만, 재능에 '이 나이에'는 없다. 인간이 죽을 때 그 재능도 죽는다.

일상에서도 재능은 발견된다. 어떤 사람은 '잘 기다리는' 재능이 있다. 참고 기다릴 줄 아는 것도 재능이다. 무언가를 심고, 물 주고, 열매를 맺기까지 잘 기다려주는 사람이다. 개인적으로 부러운 재능은 '미각 재능'이다. 국물만 맛보고 재료를 짐작하는 사람을 보면 나와는 다른 사람이란 것을 느낀다. 잘 걷는 것도 재능이다. 산에 잘 오르는 것도 재능이다. 맑은 공기와 그렇지 못한 공기를 구별하는 것도 재능이다. 60세 나이에 30세 몸을 갖고 있는 것도 재능이다. 30년 전 팝송 가사를 아직 외우고 있는 것도 재능이고, 내비게이션을 켜지 않고 목적지에 찾아가는 것도 재능이다.

취미로 시작했다가 가구 만들기가 직업이 된 어느 목수는 가구를 좋아해서 만들기 시작했는데, 설계도를 종이에 그리지 않아도 머릿속에 그리는 재능이 있음을 알게 됐다고 했다. 세상에 재능은 사람 수보다 많다. 당신의 재능도 당신 안에 있다. 그렇지 않다고 느낀다면, 아직 꺼내지 않았을 뿐이다.

숫자를 거역하자

스포츠가 감동적인 것은 대부분 '숫자'가 있어서다. 기록경기들은 결과와 승패가 숫자로 결정난다. 그 숫자를 낮추거나 높이기 위해 무수한 땀을 쏟는다. '데뷔한 지 몇 년 만의 우승'에서 몇 년이 숫자고, '앞으로 절대 깨질 수 없는 ○연승'의 연승도 숫자다. 이 숫자 중에 감동을 가장 많이 주는 것은 바로 '나이'다. 최연소 우승 또는 최고령 우승이다. 소년이 성인을 이긴다. 어린 소녀가 성인 선수를 이긴다. 때론 40대가 20대를 이긴다. 숫자의 차이가 클수록 드라마는 더욱 극적이다. 시상대에 오르거나 트로피를 들고 있는 선수가 어릴수록 때로는 나이가 많을수록 감동적이다. 여기저기서 퇴물이라고 평가받던 선수가 스스로를 벼랑 끝으로 몰아붙이고 온갖 노력을 다한 끝에 우승하는 스토리는 한 편의 영화와도 같다. 실제로 이런 실화들은 영화화되곤 했다.

크리스티앙 호날두는 마흔이고, 메시나 레반도프스키도 30대 중반을 넘어서고 있다. 국가대표든 클럽이든 그 팀을 챔피언의 자리에 올려놓는다면 그들은 선수 생명의 끝자락에서 가장 극적이고 감격적일 수밖에 없다. 상식적인 숫자를 거역하는 비현실적인 숫자에 우리는 감동한다. 취미도 마찬가지고 취향도 그렇다. 남자들의 로망 중엔 '스포츠카'가 있다. 카브리올레나 컨버터블이라고 얘기하는 '뚜껑이 열리는 차'다. 남자는 나이들어 백발이 되었을 때 빨간 스포츠카의 운전석에 앉아 있고 싶은 로망이 있다. 나이든 남자의 스포츠카는 나이를 거역한다는 사실을 보여준다. 어떤 이들은 나이들어도 청바지를 포기하지 않는다. 그리고 20대 때 몸매를 유지하려고 엄청난 노력을 쏟아붓는다. 나이들수록 늘어가는 허리둘레 숫자를 거역한다.

무언가를 좋아하고 빠지는 데 나이라는 숫자는 시작부터 삐걱거리게 한다. 좋아할 수 있을지 없을지를 숫자로 판단하고 결정한다. 할아버지가 로봇 피규어를 만들면 안 되나? 힙합을 좋아하면 안 되나? 젊은 사람이 판소리에 빠지면 안 되나? 우리는 숫자를 거역할 때 반전의 묘미가 있다. 무엇을 시작하기에 어린 나이란 없다. 늦은 나이 역시 없다. 누군가 최연소 기록을 깨고 최고령 기록을 더 많은 나이에 닿게 한다면 그만큼 그것을 할 수 있는 범위를 늘려 놓는 것이다. 멋지게 사는 법 중 가장 큰 전제는 '나를 주체'로 사는 것이다. 내 인생을 내가 주관하며 사는 것이다. 세상이나 남들의 통념에서 벗어나려면 우리가 상식이라고 믿는 것들을 깨는 과정이 필요하다. 가끔 '철없다'라는 말을 많이 듣는 사람들이 철이 꽉꽉 들어선 사람들보다 행복해 보이는 것도 이런 이유다.

인생에서 숫자는 나이뿐이 아니다. 돈도 숫자다. 시간도 숫자다. 살고 있는 집의 넓이도 숫자고 자동차 배기량도 숫자다. 이 모든 것을 합리적으로 고려해서 살아가는 것이 인생이지만, 아주 가끔은 이 숫자들을 거역하고 살아보는 것도 인생을 풍부하게 만든다. 일종의 '무리하기'다. 가진 것에 비해 갖고 있는 숫자에 비해 좀 무리해보자는 말이다. 세상은 홈푸어라고 또는 카푸어라고 손가락질하지만, 본인이 만족하면 그런 삶을 '푸어'라고 단정 지을 수 있을까?

코로나 이후 MZ세대들이 골프를 많이 시작했다. 몇 년 해보니 돈, 시간, 노력 등 여러 가지가 '드는 운동'이다. 그래서 몇 년 해보다가 포기하고 골프용품을 중고 시장에다 내놓았다는 기사를 본 적이 있다. 그들을 '골프푸어' 또는 '골푸어'라고 칭하면서 말이다. 나는 남들이 하니까 나도 해보고 싶어서 무리하는 것에 대해서 긍정적인 편이다. 우리는 안 할 자유가 있고, 해보고 안 할 자유도 있다. 한 번쯤 내가 갖고 있는 숫자들, 나를 규정하는 숫자들에 대해서 생각해보자. 이 숫자를 통해 사회가 강제하는 것들을 거역해보자. 거역하지 않으면 재밌는 일은 생기지 않는다.

쓰는 것과 남기는 것의 차이

낭비라는 말은 참으로 '낭비적'이다. 나는 세상의 모든 것은 사라지지 않는다고 믿는다. 어딘가로 이동해서 남는다고 생각한다. "당신이 먹는 것이 당신이 된다."라는 말도 있지 않은가? 먹고 나가면 그만이 아니다. 우리는 써서 없어지는 것과 무언가 남는 것에 대해서 지나치게 민감하다. 어제 나눈 대화를 "발전적이지 않았어…. 그냥 쓸데없는 얘기만 했어."라고 말하는 것을 보면 우리는 늘 발전지향적이거나 미래지향적이어야 한다는 강박이 있는 것 같다.

'수다'를 예로 들어보자. 수다는 다분히 '시간을 보내는' '쓸데없는'이란 의미를 포함하고 있다. 나는 수다야말로 인간의 가장 본능적인 취미라고 생각한다. 수다도 '좋아하는 것'이 될 수 있다.

말이 많다는 것은 누군가를 비하할 때 쓴다. "남자들끼리 무슨 할 얘기가 그리 많아?"라는 말도 한다. 사람이기에, 사회적 동물이기에 말하는 것이다. 수다는 때로 꽤 생산적이다. 수많은 정보가 오간다. 뒷얘기든 뭐든, 소식이 왔다 갔다 한다. 그 사람만 쓰는 단어가 수집되기도 하고 특유의 톤을 따라 하기도 한다. 누군가의 유머 감각을 따라 하기에는 그 사람과 수다를 떠는 것만한 게 없다. 물론 기록될 때 기억된다. 이 관점으로 보면 말은 없어지고 글은 남는다. 시간은 지나가고 사진은 남는다.

남기고자 하는 것은 써서 없어지는 것에 대한 두려움에서 시작된다. 기록하고 사진으로 남기는 것은 좋은 습관이고 좋은 취미가 된다. 하지만 반드시 남기려고 아등바등하지 않아도 대부분이 남는다. 한때 '~멍'이란 말이 유행했다. 무언가를 앞에다 두고 멍때리는 것이다. 불을 앞에 두면 불멍, 물을 앞에 두면 물멍이 된다. 생산성이라는 측면에서 보면 매우 비생산적인 행위다. 그런데 누군가는 그 '멍'으로 힐링한다. '멍'으로 새로운 에너지를 얻는다. '멍'의 순간만큼은 세상의 근심도 '멍'해진다. '멍때리기'는 내가 좋아하는 것 중 하나다. 아무 생각 없이 있고 싶은 순간이 있는데, '아무 생각하지 마!'조차도 생각이니, 멍때리기는 고도의 훈련이 필요한 상태일지 모른다.

아무 생각 안 하기처럼 힘든 것이 '아무것도 안 하기'다. 우리는 항상 무언가를 하고 있다. 그래서 누군가 "뭐해?"라고 물었을 때, "아무것도 안 해."라는 대답은 대부분 거짓말이다. TV를 보든 스마트폰을 보든 누워 있든, 뭐든 하고 있다. '아무것도 안 하기'가 자유자재로 가능하다면 그 사람은 분명 내공 있는 고수임이 분명하다.

'좋아하는 것'은 손익이 아니다. 마음이다. 좋아하는 마음이 있는데 계산기를 두들겨 보고 포기하지 말자. "이게 무슨 의미가 있어."라며 뒷걸음질치지 말자. 이리저리 재다 보면 결론은 비관으로 흐른다. 좋아할 수 있는 것을 미리 계산해서 다가가지 않으면 좋아하는 것들이 점점 줄어든다. 마음에 좋아하는 것들이 없으면 마음이 가난해진다. 모든 것은 써서 없어지지 않는다. 어떻게든 남는다.

진짜 퇴근

'진짜 퇴근'이라는 말과 '가짜 퇴근'이란 말이 있다. 퇴근 시간이 6시이고 분명 정시에 퇴근했는데, 집에 와서도 회사에 있는 느낌이 든다면 '가짜 퇴근'이다. 집은 절대로 회사의 연장이 아니다. 심지어 집에 서류와 할 일을 갖고 오는 사람이 있다. 이것은 장소의 이동일 뿐 퇴근이 아니다. 일을 가지고 오지 않았더라도 머릿속에 일에 대한 걱정을 갖고 집에 왔다면 이 역시 '가짜 퇴근'이다.

몇 년 전 유행했던 '워라밸'이라는 개념도 '진짜 퇴근' '가짜 퇴근'과 같은 선상이다. 워라밸에서의 '밸런스'란 결국 회사와 집의 분리, 일과 나머지 인생의 분리다. 회사에 나가는 것, 일해서 돈 버는 것이 정말 좋은 사람들에게는 해당사항 없는 개념일 수 있다.

하지만 대부분의 보통 사람은 나머지 인생을 위해서 돈을 벌어야 하니까, 그래야만 하니까 회사 생활을 하고 생업 전선에서 뛰는 것 아닐까? 내가 좋아하는 사람들과 좋아하는 것 하면서 좋은 시간을 보내기 위해, 우리는 돈이라는 재료를 확보하려고 직장에 나가 일한다. 그런데 일을 뺀 나머지 시간에도 일을 하거나 일 걱정을 한다면 우리 인생은 곧 일이라는 공식이 성립한다.

일 역시 인생의 일부이기에 일과 생활을 완전히 분리한다는 말은 적절하지 않지만, 일하는 시간과 그 외 시간은 철저히 분리해야 한다. 어떻게 해야 할까? 가장 먼저 해야 할 일은 일의 능률을 높이는 것이다. 한 후배가 비슷한 고민을 들고 왔다. "일을 뺀 나머지 시간이 너무 없다."라고. 나는 먼저 "일을 몇 시에 시작하니?"라고 질문했다. 출근을 몇 시에 하냐가 아니라 업무를 언제 시작하느냐는 질문이었다. 바로 대답하지 못하고 머뭇거리고 있길래 "혹시 출근하자마자 커피 마시고, 담배 피우러 나가서 동료들과 수다 떨다가 자리에 앉아서 이런저런 기사나 영상 보다가 한참 뒤에 일 시작하는 거 아냐?"라고 물어봤다. "네, 그런 거 같아요." 하면서 점심 먹고 오후 업무 시작할 때도 비슷하다고 했다.

일하는 중간에 잠시 휴식이나 머리 식힐 시간은 당연히 필요하다. 하지만 이 시간 때문에 '로스타임'이 많아지면 안 된다. 최근 잉글랜드의 프리미어리그 경기들을 보자. 경기 중에 VAR 시간, 부상 치료 시간, 항의 등 각종 로스타임을 계산해서 45분의 정규 시간이 끝난 후 추가시간을 부여한다. 어떤 경기에서는 추가시간이 11분이나 된다. 정규 시간의 4분의 1에 해당하는 시간이다. 근무 시간에 로스타임이 많아지면 그만큼 퇴근 시간은 늦어지고 퇴근해도 집으로 일을 가져와야 하는 사태가 벌어진다.

'진짜 퇴근'을 위한 또 하나의 팁은 퇴근 후에 '진짜 좋아하는 것' 만들기다. 짐(Gym)이나 스튜디오에서 운동하든, 학원에 다니든, 동호회 활동을 하든, '좋아함'에 몰입할 수 있는 시간을 만드는 것이다. 정말 좋은 것을 할 때는 다른 생각이 안 난다. 다른 생각이 날 틈을 허락하지 않는다. 역설적으로 아무것도 하고 있지 않기에 머릿속에 일 걱정이 자리 잡는다.

'진짜 퇴근'을 하려면 '지우는 습관'이 필수다. 회사 일을, 일 걱정을 생각에서 지워야 한다. 적어도 퇴근 후엔 말이다. "천성이 그렇지 못해요. 안 돼요."라고 반론할 수 있지만, 덜 해봐서 그렇다. 습관은 좋든 나쁘든 반복하다 보면 반드시 만들어진다. '회사 생각 안 해야지. 안 해야지…'라는 것도 회사 생각일 수 있지만 반복하다 보면 그 생각조차 안 하게 된다. 주장이 아니라 경험이다. 부자가 되고 싶다면 '진짜 퇴근'을 하자.

부지런할 필요는 없다

누군가를 평가할 때 하는 말 중에 "그 친구는 너무 게을러."가 있다. 게으르다는 표현 속에는 만일 게으르지 않으면 뭔가를 잘할 거 같다는 약간의 아쉬움이 포함되어 있을 때가 있다. 그런 평가에는 "○○는 다 좋은데, 게을러…."라는 말이 숨어있는 건 아닐까? 게으르다는 말은 다분히 주관적이다. 누가 봐도 부지런해 보이는 사람이 스스로 게으르다고 말하기도 한다. 가끔은 '게으르다는 것'이 어떤 성과에 대한 핑계로 쓰인다. 대표적인 것이 공부다. '머리는 좋은데 노력을 안해'라는 말 속에는 역량은 되는데 게으르다는 뜻이 포함되어 있다. 물론 부지런함은 어떤 사람에게는 주무기이고 첫 번째 능력일 수 있다. '매사에 열심히'가 바로 그것이다. 어떤 일이든 어떤 상황에서든 남보다 더 노력을 쏟아붓고 부지런 떠는 사람은 있다. 내가 만약 그렇게 산다면 며칠

만에 에너지가 고갈되고 번 아웃 상태가 될 것이다. 회복하는 데 그 이상의 시간이 걸릴지 모른다.

모든 것에 부지런할 필요는 없다. 일종의 '부지런의 선택과 집중'이라고 할까? 아주 평균적인 사람은 부지런할 수 있는 총합이 있고 실제로 그 합을 수치화하면 그리 높지 않을 것이다. 누가 봐도 시선을 끌 만한 멋쟁이 남자가 있다고 치자. 지금 막 이발소에서 나온 듯한 정갈한 머리, 2대 8의 가르마는 어떤 경계보다 엣지 있고, 포마드로 넘긴 머리와 어울리는 정장에 포켓행커치프까지 꽂혀있는 멋쟁이다. 나는 그런 사람을 보면 그가 사는 곳이 궁금하다. 그의 집도 분명 외모처럼 준수하겠지. 모든 물건이 먼지 하나 없이 조화롭게 각을 잡고 있겠지. 물론 그럴 수 있다. 하지만 그렇지 않을 수 있다. 겉모습과는 전혀 딴판일 수 있다. 그는 자기를 가꾸는 데 자신의 부지런함을 다 썼으므로…. 그렇다고 그를 게으르다고 말할 수 있을까?

사람들은 좋아하는 것이 생기면 부지런해진다. 좋아하는 운동을 위해 저녁형 인간이 아침형 인간으로 바뀌기도 한다. 맛집 음식을 맛보기 위해 한두 시간 먼저 문 앞에서 기다린다. 좋아하는 브랜드 신발을 사기 위해 밤을 새운다. 좋아하기 때문에 '오픈런'을 하려는 것이다. 반대로 생각해보자. 사람은 좋아하는 것이 없으면 게을러진다. 루틴 자체가 원래 부지런한 사람은 제외하고 말이다. 물론 부지런한 사람이 좋아하는 것을 먼저 찾을 가능성이 크다. 하지만 좋아하는 것이 생기면 게으른 습관도 바뀔 수 있다.

살면서 좋아하는 어떤 것이 생겼다면, 나머지 것들에게는 좀 게을러도 되지 않을까? 좀 무심해도 되지 않을까? 아주 평범한 인간은 모든 것을 다 좋아할 수 있을 만큼 에너지와 능력이 충분하지 않다. 우리는 이따금 둘 중 하나, 선택의 순간에 직면한다. 일과 가정, 사랑과 출세, 현재와 미래 등. 이렇게 거창한 것이 아니더라도 내가 좋아하는 것 중 하나를 선택하라는 마음속 구호가 들릴 때가 있다. 사이클링이냐 마라톤이냐, 독서 모임이냐 와인 모임이냐, 등산이냐 외식이냐 같은 것들이다.

세대마다 다르겠지만 대한민국은 대체로 '잘하려면 부지런해야 한다'라는 말에 공감하는 나라다. 좋은 결과를 내지 못했어도 부지런했다면 후회는 따르지 않을 것이라는 약간의 협박도 들어 있다. 이렇게 바꿔보자. "좋아하려면 부지런해야 한다." "부지런하면 좋아하는 것이 생긴다." 좋아하는 사람을 만나러 가는 발걸음은 가볍고 빠르다. 싫어하는 곳에 가는 발걸음은 무겁고 느리다.

모든 것에 부지런할 필요는 없다는 말은 좋아하는 어떤 것을 뺀 나머지 것들에 해당한다. 지금 나는 어떤 것에 부지런한가?

시키지 않은 짓

'시키지 않은 짓'이란 말은 누군가를 혼낼 때 자주 쓰인다. 생각해보면 의도는 매우 자발적이며 선제적이지만 결과만 놓고 비난할 때 자주 사용한다. 사람들은 어릴 때부터 '시켜서 하는 짓'에 익숙하다. 공부도 그랬고, 일도 인생 계획도 대부분 부모님이나 누군가가 시켜서 하는 짓들이었다. 오죽하면 '내가 시키는 일은 잘하지'란 말이 있을까? 시간을 정해주고 범위를 정해주고 시키는 일이 더 마음이 편한 것은 우리가 지금까지 그렇게 살아왔기 때문이다. '시키는 일'에 더 편안함을 느끼는 것은 '시키지 않은 일'엔 항상 불확실성이 존재하기 때문이다. 괜히 시키지도 않았는데 했다가 "왜 시키지도 않은 짓을 해."라는 소리를 들을까 두려워한다.

그런데 "왜 시키지도 않은 짓을 해."라고 말하면서 "넌 시키는 것만 하니?"라는 말을 들을 때 우리는 헷갈린다. 결과가 좋지 않으면 시작과 과정은 제대로 평가해주지 않는다. 사람들은 누구나 '주체적인' 삶을 갈망한다. 자기 인생인데 당연히 본인이 주인공이 되고 싶다. 주체적으로 산다는 것은 무엇일까? 그것은 남들이 시키는 일만 하는 것은 아니리라. 아무리 표창장의 문구처럼 '맡은 바 책임을 다하며' 인생을 살았다고 하더라도 누군가에게 부여받은 일만 하면서 산다면 온전히 본인의 의지와 주관대로 살았다고 볼 수 없다.

인생은 '시키지 않은 짓'을 할 때 재밌다. 남이 시키는 일이 아닌, 내가 나에게 시키는 일을 할 때 인생의 더 많은 부분이 완전한 '내 것'이 된다. 그렇다면 '시키지 않은 짓'을 하는 사람은 어떤 사람인가? 일단 매우 능동적인 사람이다. 본인에게 주어진 것들보다 더 많은 것을 자신에게 부여하고 나아가는 적극적인 사람이다. 당연히 그 짓의 결과에 확신이 있겠지만, 시작만으로 의미를 부여하며 실천하는 사람이다. 인생을 가치 있게 하는 새로운 것들은 불확실성의 터널을 지났을 때 보인다. 불확실성은 말이나 이론으로 제거되지 않고 실제로 길의 끝까지 가보는 행동으로 걷힌다. '시키지 않은 짓'을 잘하는 사람은 이러한 불확실성과

미지의 미래에 더욱 매료된다. 어떻게 될지 지금은 알 수 없지만, 좋게 될 것이라는 믿음을 가지고 행동한다.

인생은 '시키지 않은 짓'을 많이 할수록 좋아하는 것이 많아진다. 무언가 좋아하는 것이 생기는데 그 정도의 모험은 필요한 것 아닐까? 어릴 때는 시키는 것만 하기에도 벅차다. 부모에게, 선생님에게, 세상 어른에게 너무 많은 것을 요구받는다. 하지만 나이가 들수록 '시킴을 받는 사람'에서 '시키는 사람'으로 임무가 교체된다. '시키지 않은 짓'은 어린 나이에만 관대하게 용서받을 수 있는 치기가 아니다. 나이들수록 '시키는 일'의 범위를 벗어나 '시키지 않은 짓'을 해야 하지 않을까? 시키는 일만 하다 보면 '결정장애형'이 될 수도 있다. 결정은 시키는 사람에게 넘겨주고 주어진 일만 하기 때문이다. 작든 크든 정말 많은 결정을 내려야 하는 것이 인생이다. 사람은 '시키지 않은 짓'을 해봐야 진짜 내가 원하는 것, 좋아하는 것이 무엇인지 알게 된다. 시키지 않는 짓, 그 짓을 하며 살자. 나의 주인은 나니까.

스스로 하는 스킬

살면서 누구나 한 번쯤은 자신에게 이런 질문을 한다. '내가 잘하는 것이 무엇이지?' 그리고 아무리 찾아봐도 없을 때, '내가 잘하는 게 있기는 한 건가?'라는 지경에 이른다. '세상엔 잘난 사람으로 가득한데, 나는 도대체 왜 이럴까?'라고 자책하다가 '그냥 평범하게 사는 것도 괜찮지 뭘'이라며 자위한다. 그런데 분야를 넘나들며 뭐든 다 해내는 사람을 보면 나의 재능 없음을 한탄한다.

혼자 모든 악기를 연주하는 사람이 있다. '1인 밴드'다. 기타리스트인 줄 알았는데 베이스, 드럼, 키보드를 혼자 연주하고 이를 믹싱해서 음반까지 만든다. TV 프로그램을 보면 "저 혼자서 지었어요. 그래서 오래 걸렸어요."라는 인터뷰가 종종 나온다. 집을 혼자 짓다니, 이건 또 무슨 말인가? 가능한 일인가? 사실이라면 도대체 왜 혼자서 집을 짓지? 대부분 집을 혼자서 짓는 사람의 첫 번째 이유는 비용 때문이다. 그리고 '내가 원하는 대로 짓고 싶어서'다. 이렇게 말하는 것을 보면 돈을 주고 의뢰해도 '내가 원하는 대로' 집을 짓기는 쉽지 않나 보다. 누군가에게 의뢰하면서 내 성에 차기는 어렵다. 모든 것이 내 맘 같지 않다. 단순히 기술의 문제가 아닌 말로 표현할 수 없는 소통의 문제이기도 하다. 아무리 설명을 잘한들, 상대방이 못 알아들으면 그 뜻은 나와 그 사람 사이 어딘가에서 사라진다.

현대사회 특징 중 하나가 분업화다. 우리는 늘 내 역할을 다하면 다른 사람과의 조합으로 전체가 역할을 다한다고 믿었다. 조립과 조합을 잘하면 특별한 주특기 없이도 어떤 조직을 거뜬히 이끌어갈 수 있는 사회였다. 그런데 어느 순간부터 '1인 미디어'란 용어가 등장하기 시작했다. 한 사람이 글과 사진, 영상으로 미디어 역할을 하는 시대다. 과거에 누군가 글을 쓰고 글에 맞는 사진을 또 다른 누군가가 찍던 시대가 아니다. 블로그에서 시작한 이런 트렌드는 유튜브에서 정점에 이른다. 한 사람이 하고 싶은 이야기의 원고를 쓰고 본인이 촬영하고 편집한다. 물론 회사가 만드는 유튜브 영상도 있지만, AI의 도움으로 예전엔 상상할 수 없었던 양질의 영상 콘텐츠를 생산해낸다. 1인 미디어 산업의 규모가 연간 2조 5천억 원에 이른다는 통계가 있을 정도다. 이는 단 한 명의 크리에이터가 얼마나 많은 것들을 만들어내는지 증명해준다. 1인 회사, 한마디로 '혼자서도 잘해요'다.

조직 생활을 해본 사람이라면 안다. 의견을 내고 합의하고 결정하는 과정이 얼마나 복잡한지. 때론 그 과정을 거치며, 얼마나 많은 시간과 노력이 낭비되는지. 혼자 힘으로 알아서 한다면 과정의 로스는 줄어든다. 무엇보다 내가 최초에 원했던 것의 원형이 잘 보존된 상태로 결과를 도출하게 된다. 어떤 아이디어를 냈는데, 그 아이디어를 구체화하고 어떤 형태로든 구현하기 시작하면서 '이건 내가 생각했던 것이 아닌데'라는 오류를 피할 수 있다. 내가 진짜 원했던 것이 이뤄지는 스릴, 그것이 혼자서 스스로 다할 때 생기는 기쁨이다.

사람들은 마음속에 '내가 할 수 있는 것'과 '내가 할 수 없는 것'의 경계가 명확하다. 그런데 이런 경계는 대부분 그것을 해보고 난 다음의 판단이 아니다. 해보기도 전에 그렇게 짐작한다. 알고 보면, 배우고 나면 대단치 않은 것들이다. 스마트폰은 웬만한 카메라보다 낫고 영상 편집 기능은 색종이를 오려 붙이듯 간편하다. 모든 문제는 '내 일'이 아니라는 생각에서 비롯된다. 세상의 많은 것들이 이제 '내 일'이 될 수 있다. 발전하는 기술과 개방적인 문화가 그렇게 만들었다. 우리는 스스로 할 수 있는 일의 범위를 넓힐 필요가 있다. 내가 할 수 있는 일이 많아지면, 내가 좋아하는 것도 늘어나니까!

역전과 반전

나는 '반전 취미'를 가진 사람들에게 '반전 매력'을 느낀다. 몸 쓰는 것만 좋아할 것 같은 사람이 독서광일 때 그 사람을 다시 보게 되고 좋아하게 된다. 외모는 힙합퍼인데 클래식 애호가라고 소개하는 젊은 친구도 그렇다. 정적인 활동만 할 것 같은 이가 익스트림 스포츠에 빠져있는 것을 볼 때도 그 사람이 달리 보인다.

우리는 어떤 사람의 외모와 직업을 보면서 그리고 그 사람의 히스토리를 듣고 선입견이 개입되면서 그를 판단한다. '이런 사람이니 이런 걸 좋아하겠지.' 판단이 대부분 틀리지 않기 때문이다. 사람의 성향과 취향은 어느 범주 내에서 그룹화될 수 있고, 꽤 높은 확률로 예상할 수 있다. 하지만 보이는 것이 전부는 아니다. 내 마음속에는 또 어떤 마음이 숨어있는지 모른다. 유약한 마음속에 용맹함이 으르렁거릴 수 있고, 동적인 성향 안에 음미하고 탐미하는 취향이 이미 숨어 있을지 모른다.

한 의사가 격투기에 도전하는 프로그램에 나온 적이 있다. 다른 사람의 부상을 치료해주는 의사가 어떤 상처를 입을지 모르는 격투기에서 펀치를 날리는 것을 보고 열렬히 응원했다. 먼저 쓰러졌어도 절대 진 것은 아니라고 생각했다. 우리는 생각지도 못한 것에 또는 생각과 정반대에 끌린다. 반전 매력을 가지려면 '반전 취미'를 가져보자. 한때 베이글녀라는 말이 유행했다. 얼굴은 아기 같은데 몸매는 글래머, 반전 매력이다. 내 이미지와는 다른 것들을 좋아해보자. 그러려면 내 이미지가 어떤지 먼저 알아야 한다. 사람들은 나를 어떻게 생각할까? 동적으로 생각할까, 정적으로 생각할까? 무디다고 생각할까? 섬세하다고 생각할까? 사람들이 보디 프로필 사진을 찍는 것도 이런 '반전 매력'을 보여주고 싶어서다. 나이가 들었어도, 겉모습은 허약해 보여도 벗으면 근육이 퍼지듯 이어져 있고 군살 없는 아름다운 몸을 만드는 것, 누군가는 몸으로 반전을 이룬다.

인생을 살다 보면 라이벌이 생긴다. 반드시 이기고 싶은 누군가가 있다. 그럼에도 늘 지고 있다는 느낌이 드는 사람이다. 공부도 나보다 잘했고, 나보다 좋은 직장에서 더 높은 연봉을 받는 그를 이길 수 있는 것은 그가 갖지 않은 취미를 갖거나 같은 취미로 그를 이기는 것이다. '역전의 취미'다. 달리기에서는 한 번도 이기지 못했던 그 녀석을 한참 후 테니스에서 이길 수 있다. 시험점수에서는 그보다 늘 뒤였지만 골프 스코어로는 그를 앞설 수 있다. 그 녀석보다 높은 연봉을 받지 못하지만, 그보다 많은 나라를 여행해서 또 이길 수 있다. 취미는 누군가와의 경쟁에서 역전할 기회이기도 하다. 타인만이 아니라 과거의 '나'를 이길 수 있는 역전의 기회다.

그가 좋은 것을 많이 가졌다면, 나는 좋아하는 것을 많이 가지리라. 예전의 나보다 더 좋아하는 것을 가지리라. 스포츠는 역전 드라마가 재밌다. 드라마는 반전 드라마가 짜릿하다. 뻔하지 않고, 예상을 벗어나기 때문이다. 무언가를 좋아할 때, 인생에서 한번쯤은 '뻔한 것'에서 탈피해보자. '역전과 반전'을 꾀해보자. 보이는 것이 전부인 사람은 금방 지루한 사람이 된다. 역전 없는 인생은 너무 평범하지 않은가.

싫증의 역설

먼저 싫증의 사전적 의미를 살펴보자. 싫증이란 '싫은 생각이나 느낌 또는 그런 반응'이다. 비슷한 말로 권태, 넌더리, 넌덜머리가 있다. 좀 더 예민하게 파고들면 싫증은 '흥미를 잃는 것'이다. 더 이상 좋아하지 않는 감정에 가깝다. 세상 모든 것에는 유통기한이 있다. 영원한 것은 없고 유통기한이 매우 짧은 것들이 있다. 음식을 예로 들면 신선한 것일수록 유통기한이 짧다. 심지어 사랑에도 유통기한이 있다고 하지 않는가?

보통 어른들은 자기 자녀나 어린 사람을 꾸짖을 때 하는 말 중 하나가 "넌 어떻게 그렇게 싫증을 잘 내니?"이다. 우리는 한번 좋아하면 일정 기간은 유지해야 하는 것이 마치 인간의 의무인 양 교육받았다. 지고지순, 일편단심과 같은 사자성어는 지속적인 애정이 선(善)이라고 노골적으로 강조한다. 나는 그게 꼭 좋은 것은 아니라고 생각한다. 다소 궤변처럼 들릴지 모르지만, 싫증을 잘 낸다는 것은 역설적으로 어떤 것을 쉽게 많이 좋아한다는 뜻이기도 하다. 싫증은 끝을 암시하는 마음이지만 새로운 시작으로 가는 단계이기도 하다. 좋아하는 것이 많은 사람은 돌아가면서 좋아할 수 있다.

음악을 예로 들어보자. 젊은 시절 록만이 음악이라고 생각했던 친구들이 많았다. 나 역시 그랬다. 그중에서도 하드록이 진정한 록이라고 여긴 부류는 '록 스피릿'이라는 기치 아래 록만 고집했다. 그리고 여전히 록 음악을 즐겨 듣는다. 그런데 더 이상 록을 듣지 않는다는 친구가 있다. 그는 지금 록을 듣고 있지 않을 뿐, 음악 자체를 안 듣는 것은 아니다. 좋아하는 장르가 바뀌었고 좋아하는 가수나 연주자가 바뀌었을 뿐이다. 록에서 팝으로, 팝에서 재즈로 또는 트로트로 갈아탔을 뿐이다. 나는 마니아까지는 아니지만 LP로 음악 듣는 걸 좋아한다. 가끔 음반들을 살피다가 '왜 이 가수의 음반이 있지? 내가 샀나?'라는 생각이 드는 음반이 있다. 그러다가 그 가수를 잠시나마 좋아했던 과거를 소환한다. 다양한 장르의 음악은 새로운 관심의 방사선이지만 싫증의 산물이기도 하다.

나는 취미 하나를 오래 붙들고 있는 사람도 부럽고, 계속해서 취미를 바꾸는 사람도 부럽다. 이 둘 중 하나의 상태가 되려고 노력한다. 둘 다 인생의 모든 순간이 '좋아하는 것'이 지속되는 시간이기 때문이다. 쉽게 싫증 내지 않는 것만큼 싫증을 빨리 내는 것 역시 좋아하는 것에 빨리 열중하려는 마음일 수 있다. 어쩌면 좀 더 솔직한 마음일지 모른다.

사람들은 자신이 좋아하는 것에 대해 싫증을 느끼면 그 대상이나 행위에 대해 약간의 죄책감을 느낀다. 이토록 좋아했던 것을 아무렇지도 않게 떠나는 것에 대해 차가운 이별 통보 정도로 생각한다. 그래서 '여태껏 해온 게 있는데, 좋아한 게 있는데…'라는 마음이 무거운 책임감으로 바뀌어 계속 '좋아하기'를 강요하기도 한다. 싫증 잘 내는 사람은 이런 감정에 무디다. 전에 무엇을 좋아했었는지에 대한 기억도 키보드에서 삭제 키 누르듯 간단하게 지운다. 그리고 여기저기 탐색할 틈 없이 이미 새롭게 '좋아하는 것'을 영접한다. 그리고 언제가 끝이 될지 모를 그 대상에 최선을 다한다.

싫증을 잘 낸다는 것은 끈기가 부족하거나 참을성이 없다는 것쯤으로 생각할 수 있지만, 좋아하는 동안에는 더 폭발적으로 좋아했을 수 있다. 어쩌면 싫증 잘 내는 사람과 그렇지 않은 사람의 '좋아하는 총량'은 같을지 모른다. 긴 연애는 못 해도 연애를 쉰 적이 없는 사람들이 있지 않은가? 그 사람의 옆자리에는 늘 이성이 있다. 사람만 바뀔 뿐이다. 좋아하는 것도 환승할 수 있다. 싫증 잘 낸다는 것은 좋아하는 것으로 갈아탈 기회가 더 많아진다는 뜻 아닐까?

공부 그 자체

살면서 가장 이해가 안 됐던 사람이 "공부가 재밌다."라고 말하는 사람과 "노는 게 지겹다."라고 말하는 사람이었다. 둘 중 굳이 순위를 매기자면 "공부가 재밌다."라는 사람은 정말 어느 우주에서 온 생명체인가 의심이 들 정도로 이해가 안 됐다. 그런데 이 생각은 등수를 매기기 위한 학교 공부에 한해서라는 생각이 들었다. 시험을 위한 공부, 서열을 위한 공부는 서로의 차이를 증명하기 위한 도구에 불과하다.

따져보면 '공부 잘한다'라는 말에도 상당한 모순이 있다. 이 말은 '공부를 효과적이고 능률적으로 한다'라는 의미보다는 공부의 결과로 점수가 높다는 쪽에 가깝다. 그러니 '공부가 재밌다'라는 말은 대단한 성적을 올려본 적이 없는 '보통 공부인'들에게는 아무 생각 없이 지껄이는 허세거나 정말 특별한 인격체의 발언이라고밖에 생각할 수 없다. 하지만 학교를 떠나보자.

등수라는 그물 밖에서 공부를 바라보자. '배우고 익힌다'에 방점을 두고 생각해보면, 인생은 정말 수많은 과목을 공부하는 긴 수업이다. 우리는 대학에 가면 다양한 분야의 학문을 전공한다. 의대나 약대 기타 전문 기술을 공부하는 학과를 제외하면 전공은 다소 허망한 이름표처럼 느껴진다. 전공은 분명 내가 공부한 것을 규정하고 증명해준다. 하지만 그 분야에 대해 얼마나 깊이 공부했는지 돌이켜보면 부실한 명명이다. 철학과를 졸업한 누군가가 얼마나 많은 철학 서적을 읽었을까? 국문학을 전공한 이가 그렇지 않은 이보다 한국 문학에 월등한 깊이가 있는가? 그래서인지 전공을 살려서 취직해도 그때부터 본격적인 전공 공부가 시작되는 사례가 더 많다. 공부는 끝이 없고 새로운 시작과 과정이 있을 뿐이다.

공부는 분명 무언가를 이루기 위한 수단이다. 하지만 그 자체가 목적일 때 재밌을 수 있다. '내가 좋아하는 것'이고 '내가 알고 싶은 것'일 때 그렇다. 사람이든 무엇이든 좋아하게 되면 더 알고 싶어진다. 역사적 사건을 배경으로 한 영화를 보고 감동했다고 가정하자. 전혀 관심도 없었던 사건이었는데 영화 한 편이 그 사건에 대해 알고 싶게 만든다. 그 사건을 검색해보고, 관련 영상을 살펴보고, 책을 읽으며 공부하게 된다. 물론 얼마나 알고 있는지 점수로 매기는 테스트는 없다. 공부 그 자체가 목적이다.

'줄줄이 꿰차고 있어'라는 말이 있다. 누군가 어떤 분야에 대해 해박한 지식이 있을 때 쓰는 표현이다. 사실 이 말은 지식에 대한 극찬이다. 그렇다면 이 사람은 어떻게 줄줄이 꿰차게 되었을까? 물론 물리적인 시간과 경험만으로도 줄줄이 꿰찰 수 있겠지만, 분명 공부로 배우고 익힌 것이다. 남들은 그냥 지나칠 만한 것들이 이들에게는 더 궁금한 것들이다. 좋아하지 않으면 궁금하지 않다. 나는 '궁금한 게 많은 사람'에게 더 끌린다. 생각이 안 나면, 알고 싶으면 그 자리에서 검색해보고 확인하는 사람이다. 이런 사람은 평생 무언가를 찾아보고 읽을 사람이다. 분명한 것은 '궁금한 것'이 많은 인생이 훨씬 더 다이내믹하다는 점이다. 무관심한 삶은 어쩌면 무료한 삶이다. "요즘은 이런 게 궁금해졌어."라고 말하는 삶은 무료할 틈이 없다. 지금 그것을 공부하는 중이기 때문이다.

가끔 예전에는 잘 알았던 것들을 까먹을 때가 있다. 정말 어이없는 것은 그것들이 평생 까먹지 않을 정도로 반복적으로 새기고 말했던 것들이라는 데 있다. 공부는 다시 관심을 가졌을 때 다시 시작된다. 내가 좋아하는 것들이므로 다시 알아야 하는 것이다. 나는 지금 어떤 공부를 하고 있고, 앞으로 무엇을 더 배우고 싶은가?

마음의 준비

'마음의 준비'라는 말을 좋아하지 않는다. 좋아하지 않으니 써본 적이 거의 없다. 그래서 누군가 "마음의 준비가 안 됐어. 조금만 더 기다려 줘."라고 말하면 100퍼센트 부정적으로 판단한다. 일단 몸과 마음은 분리되어 있지 않다고 생각한다. 마음이 먼저 준비하고 나서 몸이 움직인다는 과정에 동의하지 않는다. '마음의 준비'는 도대체 어떻게 하는가? 기다리면 자동으로 준비가 되는가? 스스로 준비됐는지 확인하는 시간을 가져야 하나? 체크리스트라도 필요한가? 이것저것 고민하고 계산해보고 예측해보고 할 것인지 말 것인지를 마음속으로 결정하는 과정이 '마음의 준비'인가? 그렇게 하면 '마음의 준비'가 잘 갖춰져서 잘할 수 있게 되나?

중요한 것은 준비가 아니라 '마음'이다. 좋아하는 마음, 좋아하고 싶은 마음, 하고 싶은 마음이다. 말 그대로 마음이다. 무슨 준비가 또 필요한가. '마음대로'라는 말은 있어도 '마음이 준비된 대로'란 말은 없지 않은가. '마음의 준비'라는 말은 '마음대로 하는 것'을 방해한다. '준비'라는 절차 하나가 추가된 것뿐이다.

어릴 땐 '마음대로'라는 말의 진정한 뜻을 오해했다. '제멋대로' 같은 의미로 생각했던 것 같다. "저 인간은 아무튼 지 마음대로라니까."란 말만 봐도 '마음대로'가 얼마나 부정적인 의미를 담고 있는지 알 수 있다. '마음대로'는 마음이 시키는 대로 '마음의 소리'를 잘 듣고 행동하는 것임에도 말이다. 지극히 솔직하고 거짓 없는 인간 본연의 마음이지 않은가.

'마음의 소리'는 바로 들어야 한다. 마음이 소리를 내고 있는데 그 소리를 소음 정도로 들어서는 안 된다. 귀를 기울이고 한참 동안 기다려야만 들리는 소리는 '마음의 소리'가 아니다. 마음이 시키는 것도 빨리 알아차려야 한다. 빨리 알아차릴수록 그 마음이 명확해진다.

생각해보면 '마음의 준비'라는 말은 정중한 거절의 표현이기도 하다. "마음의 준비가 됐어."보다 "아직 마음의 준비가 덜 됐어."라는 말을 더 자주 들으니 말이다. 내 마음이 어떤 마음인지 뒤로 미뤄놓는 느낌이랄까? 나중에 생각해볼게, 정도로도 들린다. 더 안 좋은 것은 '마음의 준비'라는 명분 때문에 내 마음을 낭비하는 것이다. 돌다리를 건너야 할 시간인데 두드리고만 있을 것인가. 언제까지 '마음의 준비'만 할 것인가. 마음은 준비하지 않아도 이미 마음 안에 있다. 내가 '마음의 준비'를 하고 있을 때 내 옆 사람은 '할 준비'를 하고 있고, 그 옆 사람은 이미 '하고' 있다. 우리는 무언가를 하기 전에 해보지 않은 상태에서 너무 많은 것을 판단한다. 할 것인가, 말 것인가에 너무 많은 시간을 허비하고 있다.

인생의 손익계산서는 미리 알 수 없다. 해보지 않고는 내가 얼마나 이익을 볼지, 손실을 볼지 알 수 없다. 하고 나서 계속할지, 그만둘지 판단하는 것이 때론 더 현명하다. 혹시 마음은 이미 가 있는데, 아직도 마음의 준비가 필요하다고 말하고 있지는 않은가? 마음은 분명히 이렇게 하라고 시키고 있는데, 이를 외면하고 있는 것은 아닌가? 준비만 하다 세월 다 보내지 말고 마음 가는 대로 일단 해보자.

사소하지만 나를 지탱해준 소중한 로망들 ―

무엇으로 이길 것인가

인생은 승부의 연속이다. 학교 졸업하면 더 이상 승부는 없을 것 같았지만, 나이들수록 더 중요한 대전들이 남아있다. 이겨야 올라가고, 이겨야 얻는다. 맛집은 옆집을 이겨서 잘 되는 것이고, 소문난 집은 소문으로 이긴다. 직장에 가면 옆자리 동료와 매일 경쟁해야 한다. 그럴듯한 큰 승부만 있는 것은 아니다. 퇴근 후 소소한 내기 당구도 승부다. 거래처와 주말 골프에선 이겨야 하나 져야 하나 고민되는 승부다. 축구 경기 결과 맞히기로 내기하고 가끔은 말싸움도 한다. 말싸움도 지면 상대에 따라 몹시 불쾌하다.

우리는 가끔 승부욕의 화신들을 본다. 지고는 못 사는 사람들이다. 한번 지면 반드시 다시 붙으려는 사람이다. 본인이 이길 때까지 해야만 하는 사람이다. 무엇을 하든 어디에 가든 본인의 의견이 다른 사람의 의견에 꺾이는 것을 못 참는다. 이런 사람과 말싸움이라도 붙으면 말꼬리에 꼬리를 물고 결론도 나지 않은 찝찝한 상태로 대화를 마치게 된다.

이렇게 승부욕이 강한 사람들은 대체로 여유가 없다. 호전적이고 전투적이다. 평온했던 말투도 싸우려고 작정하는 순간 돌변한다. 말에 검을 꽂고 문장에 총을 장전한다. 일반화의 오류일 수 있지만, 이들의 특징은 좋아하는 것이 많지 않은 편이다. 좋아하는 것이 많은 사람은 잘 싸우지 않는다. 사람과의 관계에서 싸움은 별 도움이 되지 않기에….

'이기는 인생'이란 좋아하는 것이 많은 인생이라고 생각한다. 반대로 '지는 인생'은 좋아하는 것이 없는 인생 또는 싫어하는 것이 많은 인생이라고 생각한다. 곡식과 먹을 것이 꽉 찬 곳간에서 인심 나듯, 많은 것을 가진 인생에서 여유가 생긴다. 말투와 동작에서 여유가 넘치는 사람은 분명 '좋아하는 것'이 많은 사람이다.

인맥이 넓은 사람이 있다. 같은 나이에 비슷한 인생을 살았어도 핸드폰에 저장된 전화번호 개수는 다르다. 수천 명의 전화번호가 있는 사람이 있다. 저 이름들을 보고 어떤 사람인지 기억이나 할 수 있을까? 명함을 받는 대로 저장했다고 인맥이 늘지는 않는다. 인맥이란 서로 좋아하는 사람끼리의 네트워크다. 따라서 인맥이 넓은 사람은 많은 사람을 '좋아하는' 사람이다. 같은 맥락에서 좋아하는 것이 많아야 내 인생의 네트워크도 넓어진다. 핸드폰의 전화번호 개수처럼 내가 '좋아하는 것'들을 저장한다면 나는 몇 개나 저장할 수 있을까? 그 숫자가 많을수록 내 인생의 네트워크는 강해지고 나는 '이기는 인생'이 된다.

승부는 타인하고만 가르는 것이 아니다. 과거의 나와 겨루는 승부도 있고, 미래의 나와도 대결하는 것이 인생이다. 놀고먹는 것만 좋아했던 과거의 나와 건강하게 운동하는 오늘의 나는 싸우고 있다. 무엇으로 이길지는 내가 지금 무엇을 좋아하느냐와도 연결된다. 내가 지금 좋아하는 것이 내 인생을 이기게 하는지 살펴볼 필요가 있다. 무엇으로 이길 것인가?

변화를 이용하자

인생은 변화의 연속이다. 나를 둘러싼 환경은 끊임없이 변화한다. 사는 곳이 달라지고 동선이 바뀐다. 하는 일도 바뀌고 위치도 변한다. 무엇보다 내가 변한다. 사람이 안 바뀐다는 것은 그 사람의 핵심 성향이나 단편적인 버릇에 관한 판단일지 모른다. 변화를 만나면 그 변화에 적응해야 하지만, 변화는 새로운 기회를 만들기도 한다. 회사를 옮겼더니 외국어 검정 자격을 가진 사람을 우대했다. 일본어 학원에 등록했다. 어학에 새로운 흥미가 생겨 열심히 공부했다. 나중에 일본회사에 취업했다. 충분히 있을 수 있는 이야기다.

어느 날 집 앞 빌딩 지하에 복싱 짐이 생겼다. '이건 뭐지?' 하는 호기심에 들어가 봤다. 여기저기 샌드백이 보였고 권투 글러브들이 보였다. 한 치의 망설임 없이 등록했다. 원래 권투를 좋아했기에 이런 고마운 곳이 내게 왔다고 생각했다. 그리고 그 복싱 짐이 없어질 때까지 열심히 샌드백을 두들겼다. 업계 지인을 만나 복싱을 배우는 게 재밌다고 얘기했다. 본인도 해보겠다고 했다. 그 후 그는 지금까지 복싱 짐에 다니고 있다. 집 앞 빌딩 지하 매장의 변화가 나한테는 새로운 기회가 됐다. 그냥 지나쳤다면, 아무 관심을 두지 않았다면 생기지 않았을 여러 가지 일들이다.

다른 곳에 가면 다른 사람이 있다. 다른 사람들이 있으면 다른 것을 좋아할 수 있다. 회사마다 분위기가 다르고 좋아하는 것이 다르다. 새로 이사한 아파트에 이전 아파트에는 없던 좋은 헬스클럽이 있어도 이용하는 사람만 건강해지고 몸이 달라진다. 변화를 만나면 그 변화에 어떻게 적응할 것인지부터 생각해보자. 이사나 이직으로 더 좋아할 만한 것들이 생겼는데 그냥 지나치겠는가? 어떤 사람은 본인이 더 좋아하는 것을 하기 위해 일부러 변화를 꾀하기도 하지 않는가.

나는 무언가 '배우는 사람'을 존경한다. 진심으로 존경한다. 어떤 새로운 것을 하고 싶고 알고 싶다는 것은 인간의 본능이지만, 그 본능을 실천하는 사람이기에 다르게 보인다. 무언가를 배울 때는 어떤 계기가 있다. 그 계기가 너무 명확해서 자신 있게 말할 수 있는 것도 있지만, 나도 모르게 그러고 싶을 수도 있다. 계기는 '변화'에서 온다. '그냥 해보고 싶어서'라는 애매한 답조차 그 안에 그 전과 다른 어떤 변화라는 계기가 있다.

변화를 잘 이용하는 사람은 자신도 잘 변신한다. 여기서 말하는 변신은 그 사람 핸드폰 속 앨범에 새로운 사진들이 쌓이는 것과 같다. 가끔 누군가의 프로필 사진을 보면 전혀 그럴 것 같지 않은 친구가 스킨스쿠버 복장을 하고 있거나 산 정상에서 찍은 사진이 있을 때가 있다. 그것이 그가 변신한 현재 모습이다.

인생의 변화 중 하나가 인맥의 변화다. 만나는 사람이 달라지고 좋아하는 사람이 변한다. 예전의 나라면 '절대 좋아할 리 없는데 왜 이 사람이 좋지?'라고 생각할 때가 있다. 예전이라면 분명 실없고 가볍다고 여겼을 텐데 유쾌한 모습이 좋게 보인다. 참 재미없다고 했을 사람을 깊이 있다고 좋아할 줄이야. 내게도 그런 사람이 있다. 예전이었다면 좋아하지 않았을 사람이 추천해준 책 한 권이 '내 인생 책'이 되었다. 변화는 새로운 기회다. 변화 안에 새로 좋아할 것이 있다.

목적지향과 과정지향

일본의 한 축구 전문 기자가 한국과 일본의 축구를 비교한 적이 있다. 한국 축구는 결과를 중시한다. 그래서 골을 넣는 사람과 골을 막는 사람, 공격수와 수비수가 중요하다. 일본 축구는 과정을 강조한다. 볼이 골키퍼에서 상대편 문전까지 가는 과정을 강조한다. 그래서 미드필더가 중요하다. 충분히 공감 가는 내용이다. 이 말대로라면 한국 사람들은 대체로 과정보다는 결과를 중시한다고 볼 수 있지 않을까? 과정 끝에 결과가 있지만 굳이 쪼개어 분석하면 그렇다. 나는 이 차이를 '목적지향'과 '과정지향'으로 나눈다. 목적어와 부사어의 차이라고나 할까? 달성해야 하고 가져야 하는 '무엇을'이 중요한 사람과 '어떻게'가 중요한 사람의 차이다.

목적은 결국 원하는 것이다. 달성했을 때 그 기쁨은 엄청나게 크다.

해냈기 때문이다. 원하는 대학에 들어가는 것, 직장에 들어가는 것, 결혼하고, 집 장만하고, 자식 낳고, 돈 벌고…. 다 목적어를 앞에 두는 일이다.

과정을 지향하는 사람들은 목적을 위해서가 아닌 과정에서 '어떻게'가 중요하다. '열심히' '만족스럽게' '끝까지' '즐겁게' 같은 것이다. 어떤 것이 더 좋다 아니다를 말하려는 것은 아니다. 이 역시 개인의 취향이랄까. '크기'와 '빈도'의 차이라고도 할 수 있다. 과정에서 행복을 느끼는 사람은 행복의 빈도가 높지 않을까? 반면 어떤 목적을 향해 달려가는 사람은 그 목적을 달성했을 때 행복의 크기가 남다를 것이다.

과거에 비한다면 요즘은 '현재지향적'인 시대다. 'present is present'의 시대다. 행복을 다음으로 미루지 말고, 그때그때 행복해지자고 한다. 지금 좋지 않고 나중에 좋으면 무슨 소용이 있냐는 사고다. '각고의 시간'이라는 말이 있다. 어떤 일을 이루기 위해 몸과 마음을 다하여 무척 애를 쓴다는 뜻이다. 이 과정도 우리가 어떻게 흡수하느냐에 따라 행복감을 느끼면서 견뎌낼 수 있다. 내가 좋아하는 '무엇을'을 '어떻게' 좋아할 것인지 생각해보자. 누군가 새로운 스포츠에 입문했다고 가정하자. 만일 점수로 보여주는 것이라면 우리는 '몇 점'에 도달하려고 할 것이다. 그리고 그 점수에 도달하면 또 다른 목표가 생길 것이다. 그렇다면 이 과정에서 '어떻게'는 어떻게 됐는가. 목적지향적인 이런 상황에선 '열심히' '하루빨리'이지 않을까?

어떤 사람은 열심히 하는 과정에서 행복감을 느낀다. 하지만 '즐겁게' '재미있게' 할 수도 있지 않을까? 그렇게 하다 보니 어느새 이 경지에 올랐다고 후에 이야기할 수 있다면 더 좋지 않을까? 인간이 취미를 갖는 것은 분명 '취미를'이다. 다분히 목적지향처럼 보일 수 있다. 하지만 어떤 것을 좋아하는 만큼 중요한 것이 그것을 '어떻게' 좋아하느냐다. 어떤 과정을 거쳐 좋아할 것이냐다. 그래야 좋아하는 것의 '노예'가 되지 않는다. 좋아해서 시작했어도 내가 그것의 지배를 받지 않는다. 앞만 보고 전력으로 달려가기만 하는 것이 아니라 바람을 느끼며 시야를 넓히며 공기의 밀도를 체감하며 앞으로 갈 필요가 있다. 그것이 좋아하는 것을 오래 좋아하는 방법이다.

성급하면 지치게 되고 지치게 되면 질리게 된다. 좋아하는 것을 더 빨리 더 많이 가지려다가 어떤 고비를 넘기지 못하고 중도에 그것을 잃게 된다. 가끔 TV에서 다른 사람의 도움 없이 혼자 집을 지은 사람들이 나온다. '정말 혼자서 지은 건가?' 하는 생각이 드는데, 기간을 듣고 나면 또 놀란다. 어느 출연자는 "이 집을 짓는 데 8년이 걸렸다."라고 하면서 "시간 나는 대로 천천히 하다 보니 힘든 줄 몰랐다."라고 덧붙여 말했다. 그에게는 '집을' 만큼 '천천히'도 중요했다. '목적'만큼 '과정'도 중요했다.

좋아하는 것은 바뀐다

"가장 원하는 게 뭐예요?" "가장 하고 싶은 게 뭐예요?" "제일 먼저 먹고 싶은 게 뭐야?" 쉬운 질문이지만 답하기 곤란한 질문이다. "나중에 뭐가 제일 되고 싶어?"처럼 미리 정답을 준비했을 만한 것을 제외하면 고민 없이 바로 답하긴 힘들다. 고민이 길어진다면 독보적으로 1위에 올려놓을 게 마땅히 없다는 방증일지 모른다. 이때 유효한 것이 '아무거나'다. 이 말은 자칫 무책임하거나 성의 없어 보일 수 있다. 한동안 많이 썼던 '결정장애'도 순위나 순서를 매기지 못하는 데서 나온 말 아닐까? 어제의 나와 오늘의 내가 다른 듯 같거나 같은 듯 다르고 누구와 함께 있느냐에 따라 다른데 자기 마음을 기계처럼 순서를 매길 수는 없다.

밥과 찌개를 먹으려고 주방으로 향하다가 마음이 바뀌어서 라면을 끓이는 것이 인간이다. '나는 아니다'라고 부정할 사람이 있겠지만, '맞아, 내가 그래'라고 동감하는 사람이 분명 있다. 하고 싶은 것, 좋아하는 것의 순서가 의미 없는 이유는 그 순서가 끝없이 바뀐다는 데 있다. 이성이든 동성이든 내가 정말 좋아하는 누군가가 좋아하는 것을 나도 좋아하고 싶어서 무언가를 좋아하게 되는 경우가 있다. 그 사람과의 관계가 어떻게 지속되느냐에 따라 내가 좋아하는 것의 지속성이 결정나기도 한다.

신기한 것은 '변심'이다. 몇십 년 전 모아둔 옛날 돈들을 봤다. 대통령 얼굴, 누군지 모를 위인, 문화재가 지금의 지폐보다 권위 있어 보였다. 지금 가치는 얼마인지 잘 모르지만 왠지 있어 보인다. 그럼에도 '내가 왜 이걸 좋아했었지?' '왜 모았지?'라는 생각이 먼저 들었다.

챔피언은 바뀐다. 1등은 바뀐다. 그리고 다시 돌아온다. 어떤 취미를 가졌다가 식었을 때 두 가지 유형이 있다. 장비든 수집품이든 모두 팔아버리거나 없애는 경우와 혹시나 또는 추억으로라도 보관하려고 놔두는 경우가 있다. 올해 한번도 안 입은 옷이라면 버리는 게 낫다고 하지만 취미는 꼭 그렇지는 않다. 돌고 돌아 다시 돌아오기도 한다. 다시는 안 하려고 했고 안 하고 싶었는데 주변 사람들로 인해 다시 시작하기도 한다. 그 시대의 유행도 있다. 가장 대표적인 취미들만 봐도 그렇다. 테니스는 무려 40여 년 만에 다시 붐이 일었고 등산도 마라톤도 그렇다.

SNS를 보면 그 사람이 지금 무엇에 빠져있는지 보인다. 캘리그라피에 빠져 계속 써대는 사람이 있고, 위스키나 와인에 빠져 계속 마시는 사람이 있다. 처음엔 사진만 올렸던 사람들이 설명을 달기 시작한다. 공부하기 시작하고 암기하기 시작하고 쓰기 시작한다. 어떤 글들은 전문가 수준의 식견을 뽐내고 비평가 수준을 넘나든다. 덕분에 와인 좀 알게 되나 했는데 어느 순간부터 와인과 음식 피드는 사라지고 운동 피드로 바뀐다. 마음속 1순위가 바뀐 것이다.

"나는 어떤 것을 가장 좋아하지?"에 대한 질문에 바로 답하지 못하는 사람은 좋아하는 것이 아주 많거나 거의 없을 가능성이 크다. 좋아하는 것을 억지로 찾아내야 하는 사람이거나 너무 많아서 '이상형 월드컵'처럼 좋아하는 것들을 토너먼트로 고르며 최종 순위를 가려야 하는 사람일 수 있다. 나는 좋아하는 것이 많은 사람이 부럽고 그런 사람이 되고 싶다. 그리고 그 좋아하는 순서가 자주 바뀌어서 좋아하는 것에서 새로운 기운을 얻고 싶다.

한때가 모여 지금이 된다

지나간 시간에 대한 아쉬움이 가장 진하게 서려 있는 말이 '나도 한때는…'이다. 누구나 '한때는'이 있다. 이 말이 슬픈 것은 지금은 아니라는 전제가 있어서지만, '그때는 좋았어'라는 의미에서 마냥 슬프기만 한 건 아니다. 사람은 시간이 흐르면서 좋아하는 것이 변한다. 관심도 변한다. 사춘기 때 지독히 관심 있던 것인데 시간이 흘러 왜 그랬었는지 의심이 들 정도다.

내가 좋아하는 사람이 어떤 것을 좋아했느냐에 따라 좋아하는 것들이 바뀐다. 청년기에는 동성이나 이성 친구에 따라 좋아하는 게 바뀌고, 시간이 흐르면 가족에 의해서도 바뀐다. 사실 '한때는 나도…'라는 말은 살짝 낭만적으로 느껴진다. "한때는 나도 문학 소년이었지." "한때는 나도 영화광이었어."라는 말은 '한때는 나도 꽤 문화적인 인간이었어'라고 들린다. 나이들어서 이야기하는 '한때'는 어쩌면 인생의 전성기였을지 모른다. 그 노래들만 생각나고 불러대는 것도, 그 영화 이야기에만 몰입해서 열변을 토하는 것도 실은 그때가 내 인생의 전성기였기 때문이다.

가끔은 내가 한때 좋아했던 것들을 끄집어내서 다시 한번 기억하고 마음속에 저장할 필요가 있다. 좋아하는 것을 잃는 것도 안타깝지만, 좋아했던 것들에 대한 기억을 망각하는 것도 안타깝다. "과거에 어떤 것을 좋아했는지가 뭐 그리 중요해."라고 말할 수도 있다. "지나간 것은 지나간 것이다."라고 할 수도 있다. 하지만 과거의 감성은 시간과 함께 사라지는 것이 아니다. 내 몸 안에, 내 혈관 구석구석에 쌓여서 오늘의 내가 만들어진 것이다. 가끔 흘러간 팝송을 들으면서 생각한다. 그땐 이 노래를 왜 좋아했지? 곰곰이 생각해보면 이유가 있다. 계속 듣다 보면 어느 대목에서 특정한 감정의 흐름이 느껴진다. 어린 시절의 나도 오늘의 나와 비슷한 감정을 느끼지 않았을까? 그때도 지금처럼 몸이 슬며시 떨리면서 기분 좋은 긴장감을 느끼지 않았을까?

만화를 좋아해서 만화책을 모았었다. 문 닫은 만화책방에 가서 만화책을 사 모았다. 폐업하는 사장님의 슬픔을 공감하기 전에 내 눈

앞에 만화책 수천 권이 있는 것에 부듯했다. 그렇게 가져다 놓은 것이 만 권이 되었다. 집이 만화방처럼 됐고 눈치가 보이기 시작했다. 서재를 다 채우자 만화책들이 삐죽삐죽 거실로 나오기 시작했다. 결국 더는 안 된다는 말과 지금 있는 것들도 처분했으면 좋겠다는 최후통첩을 받았다. 일부는 지인들에게 분양했고, 중고로 팔기도 했고, 일부는 사무실에 가져왔다. 꽤 오래전 일이다. 가끔 그 만화책들을 꺼내본다. 만화책에 순서를 매기면 마치 나의 '관심연대기'와 같다. '농구, 야구 만화에 몰입했던 시절이 있었구나. 이때는 요리 만화를 주로 봤구나. 그래, 저 때는 권투 만화를 열심히 봤지. 다소 그로테스크한 주제와 그림의 오컬트 만화를 열심히 본 시절이 있었구나. 아주 풋풋한 로맨스 만화를 본 적이 있었구나' 만화를 좋아했던 그 시간조차 내 인생의 작은 역사를 보여주고 있다.

가끔 우리는 지나치게 '미래지향적'이란 생각이 든다. '발전'에 대한 강박이 있나? 지나간 것에 대한 생각은 소모적이라 여기고 앞으로 다가올 것들을 향해야 발전한다고 믿는다. 앞으로의 나도 '나'지만 지금까지의 나도 '나'다. 과거지향을 미래지향보다 하위 개념으로 본다면, 세상의 모든 추억은 '아쉬움'이나 '미련'처럼 들릴 수 있다. 그런 면에서 나는 쿨하지 못하다. 예전에 좋아했던 것들을 버리지 못한다. 물론 무언가를 또 채우려면 지나간 것들은 버려야 한다.

그럼에도 버리지 못하고 오히려 그것들을 다시 꺼내 그 기억을 주기적으로 만진다. 그러면 그때, 한때 그것을 미치도록 좋아했던 기억에 혼자 웃곤 한다.

무계획도 계획이다

아무리 친한 친구도 함께 가는 여행은 위험하다. 여행을 대하는 태도나 성향 차이가 있어서 그렇다. 차라리 극단적으로 달라서 좋았다는 사람도 있지만, 여행은 싸우기 딱 좋은 시간이다. 여행 동반자 중 의견이 안 맞는 것 중 하나가 바로 '계획'과 '무계획'이다. MBTI로 말하자면 P와 J의 차이라고나 할까?

계획하는 인간은 계획 없는 인간을 도무지 이해할 수 없다. 일정 중에 계획이 비어있으면 불안해서 채우고 나서야 안도한다. 인생도 그렇다. 계획하는 인간이 자주 생각하고 하는 말이 '오늘 일정이 어떻게 되지?'다. 스케줄링하는 것이 습관이자 사는 즐거움인 사람들이다. 이런 사람들이 그렇지 않은 사람들에 비해 인생을 능률적으로 사는 듯 보인다. 시간이 채워지고 바쁠수록 자기 삶에 대해 안도

한다. 하지만 가끔은 아무 계획 없는 시간이 주는 기쁨이 있다. '우연의 기쁨'이랄까? 생각지도 않았던 것, 기대하지도 않았던 것을 만나는 기쁨이다. 아무것도 계획하지 않았다고 해서 아무것도 얻지 못하는 인생은 없다.

인생의 기나긴 여정에서 가끔은 경로를 설정하지 않고 살아보는 것도 방법이다. 어디로 갈지 무엇을 할지 정해 놓지 않았다는 것은 그만큼 모든 가능성이 열려있다는 의미니까. '무작정'이란 말이 있다. 작정하지 않는 것이니, 무계획과 같다. 무작정 걷는다. 무작정 지하철을 타고 무작정 돌아다니다가 무작정 들어간 어느 식당이 인생 맛집이 될 수도 있다. 가끔은 목적지를 입력하지 않은 인생의 무작정 드라이브를 해보자. 많은 것들을 만날 것이다. 계획하고 공부하고 본 풍경과 무작정 바라본 풍경은 본질적으로 다르다. 책이나 미디어를 통해, 다른 사람들의 의견에 동조하는 것이 아니라 온전히 내가 느끼는 본능적인 가장 솔직한 감정이다.

'그냥'이란 말도 있다. 그냥 가는 거지. 그냥 사는 거지. 그냥 살다 보면 그냥 좋은 것을, 그냥 좋아하는 것이 나타나지 않을까? 그냥 좋은 것이 진짜 좋은 것 아닌가. 논문처럼 주석을 달 것도 아니니 좋아하는 것에 장황한 이유는 필요 없다. 사람들이 무언가를 좋아하게 된 이야기에는 '우연한 기회'라는 말이 많이 나온다. 우연한 기회에 어디에 갔다가 좋아하게 돼서 이렇게 됐다. 우연한 기회에 알게 돼서 오늘에 이르렀다. 이런 고백이다. '우연한 기회'란 '계획된 기회'와는 다르다. 기대하고 있었던 기회에 실망하기보다 가끔은 기대밖 기회를 만나보자.

내 인생에 '우연한 기회'를 만나보자. 거리를 걷다 보면 이상하게 끌리는 식당이 있다. 그런 카페가 있고 옷집이 있다. 이름이 마음에 들기도, 스치듯 들여다본 가게 안 풍경이 들어오기도 한다. 그런데 내가 가기로 예정한 곳이 아니어서 지나쳐버린다. '우연한 기회에 그 옷집에 들어가봤더니 정말 내 취향에 맞는 옷들이 있었다'를 계획이란 틀이 방해하는 것이다.

모든 일에 계획이 앞서야 하는 사람은 가끔 계획이란 끈을 놓아버리고 계획에서 해방되어 보자. 시간은 생각한 대로 차곡차곡 끼워 넣듯 쓰지 않는다고 해서 무의미하게 흐르지는 않는다. 시간 안에 나의 몸을 태우고 어디로 갈지 어떻게 흐를지 무작정 기대해보자. 다이어트 중에도 치팅데이가 있다. 계획적 인간에겐 가끔 '계획 없는 날'이 필요하다. '무계획'이란 계획을 세워보자.

심심풀이라는 멋진 말

'심심풀이', 나는 이 말이 좋다. 이 말은 다분히 평가절하되어 있다. 수동적이고 소극적인 분위기를 풍기는 말이긴 하다. '킬링타임'이란 말도 비슷한 자리에 놓여 있다. 좀 더 심하게는 '시간 때우기'까지 간다. '시간 때우기'란 말도 참 재밌다. '그때까지 뭐하고 때우지?"라는 말을 보면 우리는 주어진 시간에 대해 아무것도 하지 않거나 심심하고 지루하게 보내면 안 된다는 압박감이 있는 듯하다. 그런 의미에서 '심심풀이'는 '인간을 심심하게 하지 않는 그 무언가'라고 생각하면 꽤 가치 있는 일이지 않을까? 우리는 시간이 빨리 가는 것을 아까워하면서도 심심하게 느리게 가는 것은 싫어하니까.

누군가 "오늘 어땠어?" 하고 물으면 "진짜 바빴어."라고 답할 수 있다. 실제로 바빴을 수 있지만 이렇게 말하는 게 습관이 됐을 수 있다. 사실 인간은 대체로 심심하다. 무료하다. 아무것도 안 한다고 느끼는 할 일 없는 시간이 적지 않은 비중을 차지한다. 아침에 눈만 뜨고 잠자리에서 벌떡 일어나지 못하는 시간도 사실은 무료한 시간이며, 지하철역까지 별생각 없이 걸어가는 시간도, 점심 식사 후 아무것도 안 하고 자리에 앉아 있는 시간도 우리는 심심하다. 약속이 없으면 더 심심하고 어떤 사람은 주말에 더 심심하다.

'심심함'은 나쁜 것이 아니다. 때론 '심심함'으로 바쁜 일상을 위로받는다. 현대인에게 아무것도 하지 않는 것에 대한 자유와 가치는 더 중요해지는 듯하다. '심심함의 재미'라고 말할 수도 있을 것 같다. 다만 심심풀이가 의외로 내가 무척 좋아하는 것일 가능성도 있다는 점이다. "지금 뭐 해?"라고 물었을 때 "게임 해. 심심풀이로."라고 대답했다면, 나는 게임을 참 좋아하는 것이다. 심심할 때 가장 먼저 생각나니까. "심심한데 당구나 치러 갈까?"라는 대화를 살펴보자. 심심해서 당구 치러 간다는 말처럼 들리지만 사실은 당구를 좋아하니까 가자는 것 아닐까?

만일 '작정한 심심함'이나 '심심함의 재미'에 극렬히 반대하는 사람이라면, '심심풀이'가 많을수록 좋지 않을까? 심심할 틈 없이 시간을 채워주는 다양한 활동들 말이다. 어떤 시간이든 무언가 하고 있어야 하는 사람이라면 할 것이 많은 게 당연히 좋을 듯하다. 심심함의 종류에 따라 옵션별로 심심풀이가 많은 사람은 정말 심심할 틈이 없지 않을까?

심심풀이가 좀 더 적극적으로 반영된 것이 '멀티태스킹'이다. 두 가지, 세 가지를 동시에 할 수밖에 없는 상황에 몰릴 때도 있지만 이 역시 개인의 멀티 선택이다. 책만 읽기에는 심심하다 음악도 들어야겠다, 러닝머신 위에서 뛰는 건 무료하다 TV도 봐야겠다, 손은 바쁘지만 귀가 심심한 것은 못 참겠다 등등. '집중'이라는 단어 아래 멀티태스킹을 부정적으로 보는 견해가 있다. 하나에 집중할 때 생산성이 높아진다는 논리다. 이런 사람들에게 멀티태스킹은 산만하기 짝이 없는 행동으로 보일 수 있다. 하지만 좋아하는 게 많아서 하나만으로 만족하지 못하는 거라면, 그래서 몸이 바쁜 거라면 좋게 봐줘야 하지 않을까?

사람을 좋아한다는 것

한때 혈액형으로 사람의 성격을 분류했다. 요즘은 MBTI의 시대다. 몇 개의 혈액형만으로 복잡하고 난해한 인간들을 어떻게 나누냐는 비판에 충분히 대항할 만한 16개 유형이다. 이중 맨 앞 알파벳이 '외향(E)'과 '내향(I)'이다. 외향이란 사교적이고 사회적이라는 뜻이다. 나서기 좋아하고 먼저 다가선다. 스포츠로 보면 '선공'이다. 가끔 어떤 모임을 찍은 스냅사진들을 보면 누가 외향적이고 내향적인지 보인다. 외향적인 사람은 사진 속에서도 말하고 있다. 손으로 무언가를 표현하려는 제스처를 하고 있다. 반면 내향적인 사람은 듣고 있다. 어떤 사람은 손을 깍지 끼고 테이블 위에 내려놓고 있다. 외향과 내향은 나를 표현하는 방향이지만 사람을 향하는 태도이기도 하다. 어쩌면 태도나 표현의 문제만이 아닐지 모른다. 사람을 얼마나 좋아하느냐의 문제일 수 있다.

유난히 사람을 좋아하는 사람이 있다. 핸드폰에 수천 명의 연락처가 있고 수십 개의 단톡방이 있다. 모임에는 반드시 참석하고, 더 나아가 모임을 만드는 사람이다. 만남을 주기적으로 수행해야 하는 임무처럼 생각하는 사람도 있다. "우리 이제 만날 때 되지 않았냐?"로 시작해서 기어이 만나고야 마는 사람이다. 솔직히 이런 사람들, 존경스럽다. 인간이 인간을 좋아하는 것보다 좋은 취미가 있을까? 그리고 어려운 일이 있을까? 타인의 좋은 점만 보기는 쉽지 않다. 좋은 점만 보는 것이 손해처럼 느껴질 때도 있다. 사실 좋은 점을 먼저 보기도 쉽지 않다. 어쩌면 가장 인간적인 면은 누군가를 싫어하고 욕할 때 보이는 것일지 모른다. 그래서 사람을 좋아하는 사람을 존경한다. '자신에게 엄격하게 타인에게 관대하게'라는 표어를 심장에 붙인다 해도 그 반대로 갈 때가 많다. 부모와 자식, 남편과 아내처럼 서로를 좋아하려고 태어난 사람들조차도 그렇지 않을 때가 제법 있지 않은가?

사람을 좋아하는 사람은 말하기를 좋아하고 듣기도 좋아한다. 공감 능력이 뛰어나다. 자기가 하고 싶은 말만 하고 듣고 싶은 말만 듣는다면 사람을 좋아하는 것이 일방적이며 지속 가능하지 않다. 어린 시절, 학창 시절, 젊은 시절 죽고 못 살았던 누군가를 오랜만에 만났는데 대화를 이어가기 어려울 때가 있다. 쉽게 말해 '할 말이 없다.' 반복하고 또 반복했던 옛날이야기는 이제 더 이상 올려놓을 수 없는 닳고 흠집 난 LP 판처럼 되어가고 과거의 어느 시간을 제외하면 둘 사이 공감의 부피는 점점 줄어든다. 사람을 좋아하려면 그 사람이 좋아하는 것을 같이 좋아해야 한다. 그러려면 좋아하는 것이 많아야 한다. 이야기를 이어갈 만큼 잠시라도 좋아했던 무언가가 있어야 한다. 같은 취미는 사람을 모으고 이어준다. 좋아하는 것을 하는 그 시간만큼은 서로를 밀착시켜 준다. 집에서 혼자 하는 취미도 그런 사람들이 모이면 함께하는 취미가 된다.

처음 만나는 사람에게 고향을 묻고 학교를 묻고 이전 직장을 묻는다. 관심의 표현이지만, 무언가 '같은 것'을 찾는 노력이다. "같은 학교 나왔네요." "같은 동네네요."보다 유대감이 깊어지는 건 "취미가 같네요." "좋아하는 게 같네요." 아닐까? 좋아하는 것이 없으면 좋아하는 사람이 없다는 얘기가 아니다. 좋아하는 것이 많으면 좋아할 사람이 많을 가능성도 크다는 얘기다.

말이 통한다는 것

아무리 봐도 안 어울리는 커플이 있다. 저 둘이 어떻게 친해졌을지 의구심이 드는 친구 사이가 있다. 별다른 공통점도 없어 보이는데 말이다. "너네는 어떻게 만나게 됐어?" "어떻게 친하게 됐어?"라고 물어보면 대체로 이렇게 말한다. "응, 말이 통해." "응, 대화가 잘 돼."라고 한다. 말이 통하는 것은 마음이 통하는 것이다. 말이 중간에 단절되지 않고 이어지는 것은 마음이 서로 단절되지 않고 주고받으며 이어지는 것이다. 말은 마음을 가장 잘 전달하기 때문이다.

반면에 정말 말이 안 통하는 사람이 있다. 아무 반사 없는 벽과 같은 사람이다. 이런 사람들은 자기 말만 한다는 특징이 있다. 상대방 이야기는 경청하지 않고 자기만 말하고 자기 말만 듣기를 강요한다. 심지어 본인은 말을 많이 했으므로 잘 통했다고 오해한다. 말이 안 통하는 사람과 있으면 함께 있는 시간이 괴롭다. 시간이 정말 안 간다. 지금 내가 틈만 나면 시계를 보고 있다면 내 앞에는 그런 사람이 함께 있는 것이다.

말이 통하려면 마음이 맞아야 하고 마음이 맞으려면 서로 좋아하는 것이 맞아야 한다. 그리고 좋아하는 것이 디테일하게 같을수록 잘 통한다. 처음 만난 두 사람이 있다. 서로 어떤 것을 좋아하는지 묻는다. 우연히 '음악'이라는 공통점이 생겼다. 둘 다 음악을 좋아하니 어떤 음악을 좋아하는지 궁금하다. "전, 재즈를 좋아해요." "저도요." 말이 통하기 시작한다. "저는 쿨재즈를 좋아합니다." "전 테너 색소폰을 좋아해요." "아, 진짜요? 저도 그런데." "연주자 중엔 누구 좋아하세요?" 여기까지 같은 이름이 나오면 통하고 또 통하는 중이다. 이렇게 통하는 사람을 만나기는 쉽지 않다. 가족도 말이 안 통할 때가 많은데, 전혀 다른 환경에서 살아온 사람이 나랑 얼마나 잘 통하겠는가. 처음엔 잘 통하는 듯하다가도 시간이 지날수록 소통의 어려움을 겪는 경우가 꽤 있다. 그래서 어쩌다 나랑 말이 잘 통하는 사람을 만나면 그 관계를 귀하게 여기고 인연이 끊기지 않도록 잘 유지해야 한다.

소통은 '기술'로 가능한 것이 아니다. 기술로 가능한 소통은 마음이 오고 가지 않는다. 감정 없는 말들의 교류에 불과하다. 소통은 서로 얼마나 마음을 여느냐의 문제다. 창문을 활짝 열어야 공기가 통하고 바람이 지나간다. 상대에게 마음을 열려면 가장 먼저 그 사람을 인정해야 한다. 특히 그가 좋아하는 것들을 존중해야 한다. 여기서 인정이란 약간의 '무관심'을 포함하는 것 같지만, 관심은 놓지 않으면서 취향을 존중하는 일이다. 사람마다 얼굴이 다르듯 취향도 다르다. 이를 서로 인정해야 통할 수 있다. 특히 내가 좋아하는 사람이라면 취향이 다르고 좋아하는 것이 달라도 잘 들으면 통할 수 있다. 듣고, 말하고, 또 듣고, 말하기가 소통이다.

누군가 "너는 나와 말이 잘 통하는 것 같아."라고 했다면 이는 당신에 대한 엄청난 찬사다. 인간은 자기중심적이어서 자기애를 깔고 사람을 평가한다. 나와 말이 잘 통하면 내가 그토록 사랑하는 '나'와 같은 수준의 인간이라는 방증이다. 그만한 칭찬은 드물다. 말이 잘 통하는 사람은 후일에 뭔가를 도모하기에 좋다. 죽이 잘 맞는 사람과 뭔가를 함께하면 얼마나 재밌겠는가. 그걸 알기에 뭐든 재밌는 일을 꾸민다. 말이 통하면 모든 것이 통한다. 인생의 즐거움도 통한다. 주변에 나와 말이 통하는 사람이 얼마나 있는가?

질투는 나의 힘

질투는 이성 간에만 생기는 감정이 아니다. 다른 사람이 잘 되거나 나보다 나은 처지에 있으면 부러움을 동반하면서 공연히 깎아내리려는 마음이다. 그렇다면 질투를 나쁘다고만 규정할 수 있을까? 〈질투는 나의 힘〉이라는 영화 제목을 보면 꼭 그렇지만은 않은 것 같다. 모든 사람에겐 '라이벌'이 있다. 라이벌은 단순히 나와 경쟁하는 사람이 아니다. 그 사람의 현재 상태가 늘 신경 쓰이는, 다른 표현으로 하면 거슬리는 사람이다. '혹시 나보다 잘 살까 봐' '혹시 나보다 잘 될까 봐' 노심초사, 세포가 곤두서는 대상이다.

내가 감히 넘볼 수 없는 곳에 있는 사람은 그 사람이 높은 성공의 단계에 올라도 축하해줄 수 있다. 나보다 한참 약하다고 느끼는 사람도 마음 편히 응원할 수 있다. 하지만 '내 인생 라이벌'에게는 그렇게 관대해지지 않는다. 나보다 먼저 임원이 되고, 나보다 더 넓은 집에 살고, 내 아이들보다 공부 잘하는 자녀들까지, 질투는 꼬리에 꼬리를 물고 돌고 돈다. 그런데 이러한 질투심이 이겨보려는 마음으로 전환되어 역량으로 발휘될 때가 있다. 질투가 마음 안에만 머무르지 않고 어떤 행동과 노력으로 밖으로 발산될 때 그렇다. '발전적인 질투' '미래적인 질투'라고나 할까?

누군가와의 극심한 경쟁심에서 해방되는 방법 중 하나는 '경쟁의 리그'를 바꾸는 것이다. 정신 승리라는 매우 수세적인 합리화를 말하는 것은 아니다. 그와 다른 영역을 사는 것이다. 세상 이치 중 하나가 늘 반대편에 두 가지 가치가 양립한다는 점이다. 물질적인 영역이 있으면 정신적인 영역이 있고, 동적인 활동의 반대편에 정적인 활동이 있다. 같은 물건이 있는데, 더 좋은 것으로 더 비싼 것으로 경쟁하면 나보다 더 좋은 것을 가진 사람이 반드시 존재한다. 내 눈앞에 없어도 내가 보이지 않는 곳, 어딘가에는 있다. 물론 내가 가진 것이 가장 좋은 것이라고 믿고 사는 인생도 있다.

자족하면 욕심이 떨어져 나간 자리에 행복이 들어온다. 그런데 이런 마음을 갖기는 구도자급 수행의 결과처럼 쉽지 않다. 적어도 보통 사람들은 다양한 상황에서 질투심이 작용해서 욕심을 덜어내기

참 어렵다. 누군가를 질투하는 마음이 힘든 것은 '좋은 것 경쟁'을 하기 때문이다. 이를 '좋아하는 것 경쟁'으로 바꿔보자. '내가 좋아하는 건 따로 있다'라는 생각이다. '좋은 자동차'로 경쟁하면 나보다 좋은 차를 갖고 있는 사람이 항상 있지만, '내가 좋아하는 운전'으로 경쟁하면 더 많은 사람을 이길 수 있다. '좋아하는 것'이 많으면 세속적인 경쟁에서 다소 자유로울 수 있다.

질투가 많은 사람을 '질투의 화신'이라고 부른다. 나는 나보다 잘난 사람을 질투한다. 하지만 질투심이 깊어질수록 괴롭다는 것을 알기에 그 사람의 잘남을 빠르게 인정한다. 나는 나보다 많이 가진 사람을 질투한다. 좋은 것보다 '좋아하는 것'을 많이 가진 사람을 질투한다. 좋아하는 것이 많은 사람을 보면 나도 가끔 질투의 화신이 된다. 아마도 그 사람이 얼마나 행복한지 바로 보이기 때문일 것이다. 그럴 때마다, 내가 또 좋아할 만한 것이 없는지 찾아 나선다.

질투에도 급이 있다. 그것은 마음이 몸속에 박제되어 있지 않고 얼마나 에너지를 동반하고 밖으로 나오느냐로 구분한다. 질투에서 그치는 질투와 행동하는 질투의 차이….

이기적인 SNS

"SNS를 왜 하는가?"라고 묻는다면 가장 '좋아요'를 많이 받는 답이 '소통하려고'가 아닐까? SNS를 대표하는 단어인 '소통'과 '공유'는 '나는 social 하다'를 증명하는 그럴듯한 명분이다. 맛집과 패션과 취미를 공유하고 핫플을 추천하는 일련의 활동은 언뜻 사회적으로 보이지만 한편으로는 지극히 개인적인 욕망 분출일 수 있다. 이기적인 욕구의 사회적 발산이라고나 할까. 좋은 것을 알려주고 개인의 경험을 공유한다기보다는 '나는 지금 이렇게 살고 있어' '나 이런 거 하는 사람이야'를 보여주는 통로인 듯하다.

폐해도 있다. SNS에 본인의 고가 브랜드 옷, 액세서리, 가방 등을 찍어서 올리는 사람이 있다. 세련된 감각과 매력적인 외모 덕분에 팔로워들이 조금씩 는다. 중년에 다시 인생 전성기를 느끼는 신묘

한 경험이다. 사람들의 관심을 받고 칭찬 듣는 일에 서서히 빠져든다. 결국 SNS가 일상을 지배하기 시작한다. 하루 일과는 사진을 찍기 위해 대부분 소비한다. 무언가를 올리기 위해서 그곳에 가야 하고, 그 옷을 입어야 한다. 핫플엔 당연히 내가 있어야 하고, 최근 유행하는 브랜드와 늘 함께 생활해야 한다. 충분히 인생의 활력소가 될 일이고, 주변의 관심을 연료로 한동안 잊었던 에너지가 채워질 수 있다. 본인의 역량과 진심 안에서라면 말이다. 그런데 조금씩 무리하기 시작한다. 지인의 가방을 자기 것인 양 사진을 찍고, 사지도 않은 제품을 자기 소유인 것처럼 찍어 올린다. 서서히 '껍데기 삶'이 시작된다. 남에게 더 많이 더 좋은 것을 보여주고 싶은 성급함이 '소셜 몬스터(social monster)'를 만들어낸 것이다.

어느 순간 사람들의 관심이 줄어들고 '좋아요' 개수가 현저히 줄면서 '나는 여기까지인가 보다'라는 상실감을 느낀다. 셀럽의 꿈은 비참하게 접히고 허무함이 몰려온다. 결국 SNS에서 사라진다. 이러한 전철을 겪는 사람들을 종종 본다. 소셜이란 이름을 달고 서로를 연결해주는 네트워킹 서비스 때문에 한 인간이 사회에서 고립되는 과정이다. 물론 일부 사람들 이야기다. 대부분은 건강하고 좋은 쪽으로 SNS를 활용한다. 하지만 이런 사람들조차 실제의 나와 SNS 상의 내가 헷갈릴 때가 있다. 잘 나오는 사진이라도 평소 내가 좋아하는 것이 아닐 수 있고, SNS에 올리기 좋은 것들이 내가 좋아하는 것이 아닌데도 좋아한다고 착각할 수 있다.

인간의 이기적인 심성이 SNS라는 다른 얼굴을 가진 장치를 만들어낸 것이 아닌가 하는 생각이 든다. 진짜 나를 보여주는 것이 아닌 '되고 싶은 나'를 보여주려고 한다. 가끔 SNS상으로만 알았던 사람을 만났을 때 온라인에서와는 다른 느낌에 당황할 때가 있다. 사진과 실물 차이는 기술이 발달할수록 커지고 있다. 촬영으로 단신이 장신이 된다. 6등신이 8등신이 된다. 피부 미인이 되고 훈남이 된다. 몸짱이 된다. 내가 원하는 나는 기술로 새롭게 창조된다.

그럼에도 나는 SNS에 대해 우호적인 편이다. 사람은 외로우면 또 다른 관계가 필요하다. 다만 소셜이라는 관계의 흐름 속에서 '나'를 잃어버리지는 말자는 이야기를 하고 싶다. 특히 '내가 진짜 좋아하는 것'을 착각하거나 망각하지는 말자. '사회적 이기주의' 속에서 정작 자신을 잃어버리지는 말자.

'척'은 나쁜 것인가

'잘난' 사람이 있고 '잘난 척'하는 사람이 있다. '아는' 사람이 있고 '아는 척'하는 사람이 있다. 둘 중 어떤 사람이 되겠냐고 묻는다면 당연히 전자일 테고, 적어도 '척'하는 사람은 되기 싫다고 답할 것이다. 이런 건 어떤가. '잘난 척'하는 사람이 될 것인가, '못난' 사람이 될 것인가. 그나마 '척'하는 사람이 낫지 않을까? 그래도 보통 이상은 돼야 '척'이라도 할 수 있으니까. 세상은 냉정해서 '척'하는 사람을 잘 구별한다. 그 사람의 어디까지가 거품인지 금세 알아차리고 여지없이 걷어버린다. 게다가 더 잘난 사람, 더 있는 사람은 몇 마디 대화만으로 '척'하는 사람의 바닥을 본다.

그런데 잘난 척하지 않는 잘난 사람을 알아내려면 상대적으로 더 많은 수고가 따른다. 대부분 '척'은 '말'에 있다. 그런데 잘난 사람이 말을 안 하면 그 사람이 얼마나 잘난지 모른다. 겸손의 미덕일까? 말을 아끼는 사람의 신상과 평판을 모르면 무엇으로 그 사람을 평가할까? 잘난 것도 표현이고 잘난 척도 표현이다. 어느 냉면집에 '대미필담(大味必淡)'이란 글자가 붙어있었다. 해석하면 '진정한 맛은 반드시 담백함을 갖고 있다' 정도다. 이 역시 '맛있는 척'이다. 여러 가지를 첨가하는 것이 아닌 본질 자체가 맛있어야 한다는 의미다. '본질'과 '꾸밈'의 문제다.

나는 '척'하는 사람에 대해 관대해지려고 노력한다. 내게 피해만 주지 않는다면 귀엽게 보려고 한다. 세상이 알아줄 때까지 기다릴 수 있지만, '척'은 먼저 알아달라는 적극적인 표현이다. '척'은 그렇게 되려는 하나의 몸부림이다. 그 몸부림은 어느새 마음속에 실제 그렇다고 믿는 지경에도 이른다. 사람들 앞에서 '척'하다 보면 자기 최면을 거쳐 자기 확신이 든다. 그러면서 실제 그런 사람이 되기도 한다. 잘생긴 척하다 보니 어느 날 진짜 잘생겨 보인다.

모르는 것을 아는 척하면 당장 그 자리는 대충 넘어갈 수 있지만, 계속 그럴 수는 없다. 제대로 아는 척을 하려면 진짜로 알아야 한다. 잘생긴 척하려면, 예쁜 척하려면 관리해야 한다. 몸 좋은 척, 은근슬쩍 노출하려면 어느 정도 몸을 만들어야 한다. 있는 척, 가진 척하려면 정말로 얼마나 있어야 하는지 깨닫게 되고 이를 목표로 악착같이 살 수도 있다. 많은 사람이 약간의 조미료로 자신을 부풀린다. 사소한 과거의 에피소드가 멋진 서사가 되기도 하고, 지극히 평범한 한 인간이 악마의 재능을 가진 특별한 사람이 되기도 한다. 이 모든 것들은 실제의 '나'보다 더 괜찮은 '나'가 되기 위한 노력이다. 실제의 나보다 하찮게 보이고 싶어 하는 사람은 없지 않은가. '척'이란 결국 잘 보이고 싶은 몸짓이다.

사람마다 다르겠지만, 나는 '척' 중에서 제일 어려운 것이 '좋아하는 척'이라고 생각한다. 좋아하지 않는 음식을 좋아하는 척, 불편한 자리를 편한 척, 좋아하지 않는 취미를 좋아하는 척하는 것이다. 그런데 반전은 좋아하는 척하다가 정말 좋아하게 되는 수도 있다는 점이다. 친구 중에 프로야구 직관을 좋아하는 친구가 있었다. 좋아하는 팀이 같아서 같이 야구장을 찾았다. 예매는 늘 그 친구가 했고 나는 따라만 갔다. 솔직히 처음에는 사람 많고 복잡한 것보다 집에서 편하게 TV 중계를 보는 게 낫겠다는 생각을 했다. 그래도 친구에게는 "역시 야구는 야구장에서 봐야지."라며 '좋아하는 척'했다. 표를 구한 친구에게 '정말 좋다'라는 표현보다 훌륭한 보답은 없으니까. 그러다가 어느 날부터 내가 표를 구하게 되었고, 내가 먼저 야구장에 가자고 하게 됐다. 이젠 야구뿐 아니라 모든 스포츠를 현장에서 보고 싶어 하는 사람이 되었다. '좋아하는 척'을 하다가 진짜로 좋아하게 된 것이다. 어떤 취미든 누군가에게 '좋아하는 척'해야 한다는 것에 스트레스 받지 말자. 정말 그것을 좋아하게 될 수도 있으니까….

아는 만큼 즐겁다

아는 것은 힘이다. 아는 것은 즐겁다. 특히 내가 좋아하는 것에 대해 하나씩 알아가는 일은 매우 흥미롭다. 굳이 아는 것을 뽐내지 않아도 알아가는 과정은 때론 노는 것보다 재밌다. 누군가의 강요가 아니라면 지식을 얻는 것은 오락이 될 수 있다. 책을 통해서든, 누군가에게 배우는 것이든, 몸소 부딪히며 경험하면서 알아내는 것이든 '안다는 것'은 뇌에 필요한 영양소를 채우는 건강한 과정이다.

알아가면서 차곡차곡 쌓이는 '지식'은 몇 가지 단계가 있다. 마치 연애처럼. 먼저 '알아가는 단계'가 있고 '안다고 생각하는 단계'가 있고 '알수록 모르겠는 단계'가 있다. 어떤 사람과 연애할 때, 알아가는 단계를 거쳐 이제 좀 알 만하다고 생각해서 방심하면, 도무지 모르겠는 단계에 도달하지 않는가. 지식이 깊어질수록 내가 왜 이

것들을 알려고 했는지 후회가 되기도 하지만, 그 끝없는 세계에서 허우적거리면서도 더 알기 위해 손을 뻗는다.

지식의 기쁨 중 하나가 '지식의 출고'다. 어느 순간 적재적소에 그 지식이 신속하고 정확하게 꺼내질 때, 인간의 지적 효율성은 올라가고 희열을 느낀다. 일종의 '지식 콘테스트'가 펼쳐지는 자리에서 내 지식 카드로 이야기가 결론이 날 때도 지식 잔치에 마지막 인증을 하듯 우월한 기쁨이 찾아온다. 인간의 소외감은 '지식의 배제'에서도 온다. 남들은 다 아는 것들, 남들은 이미 경험한 것들을 나만 모를 때 느끼는 고독감이다. 최근엔 정말 많은 콘텐츠가 OTT를 통해 쏟아져 나온다. 최신 드라마나 영화를 본 것도 마치 한 권의 책을 읽은 것처럼 지식이 된다. "그거 아직 안 봤어?"란 말은 "그걸 아직 몰랐단 말이야?"처럼 지식 격차를 꾸짖는 듯 들린다. 문화, 오락, 뉴스도 지식이 되고 지적인 대화의 재료가 되는 세상이다.

인간은 본인이 아는 것을 말하기 좋아한다. 아는 것을 말하는 데도 기술이 필요하다. 여기서 중요한 것은 '서론의 길이'다. 서론이 길고 장황하다고 아는 것이 길어지지 않는다. 기승전결 없이 단편적으로 말해버리면 그 지식도 단편적으로 보인다. 두서없이 말하면 지식도 두서없어 보인다. 적당한 길이의 서론과 본론 그리고 마지

막엔 내가 정말 좋아하기에 잘 알고 있다는 증거를 보여주면 그 지식은 매우 신뢰할 만한 지식이 된다. 아는 만큼 말하기가 쉽지 않지만 알아듣게 말하기는 더 어렵다. 그보다 더 어려운 것은 나보다 많이 아는 사람의 지식에 귀 기울이는 일이다. 지적 호기심이 지적 자존심을 이겨야 다른 사람의 '아는 것들'을 인정하고 들을 수 있다. 가장 손쉽게 지식을 쌓는 방법은 다른 사람의 '지식'을 듣는 것이다. 강의라는 형식으로 가르치고 배우는 관계가 아닌 지적으로 평등한 사이에서도 많은 지식이 교환된다. 대화를 나누다 보면 누군가 이야기했을 때 핸드폰의 메모장에 메모하는 사람이 있다. 이 역시 새로운 것을 알고 저장하는 '지식의 기쁨'이다.

지식은 '내가 좋아하는 것'과 비례한다. 좋아하면 알고 싶어진다. 빨리, 더 많이, 제대로 알고 싶고 나만 알고 싶고 깊이 있게 알고 싶다. 한 사람의 서재를 보면 취향이 보인다. 책 제목만으로 그가 어떤 것에 몰두하고 있는지 보이고 장르만 봐도 어떤 종류의 지식을 탐구하는지 알 수 있다. 그래서 나는 다른 사람의 집이나 사무실에 가면 서재를 가장 먼저 보고 살핀다. 이 사람이 얼마나 다채로운 취향과 풍부한 호기심을 가졌는지 알 수 있기 때문이다. 지금 내 서재엔 어떤 '좋아하는 것'들이 꽂혀있는가.

그냥 네가 좋아서

골프에 관한 글을 쓰면서 '골프는 연애와 같다'라는 생각을 많이 했다. 골프와 연애는 조심하면 가까워지지 못하고 방심하면 멀어진다. 지금보다 한 단계 발전하고 싶은데, 늘 제자리에 머문다. 보고 있어도 보고 싶다. 7번 아이언을 처음 잡았을 때, 그 사람의 손을 처음 잡은 것처럼 설렜다. 그만 봐야지, 그만해야지 해놓고 그 사람 앞에, 그 볼 앞에 서 있다. 그만두거나 헤어지면 그동안 들였던 돈과 노력은 돌려받을 수 없다. 골프도 연애도 가볍게 좋아하면 곧 흥미를 잃고 너무 깊이 사랑하면 상처받는다.

사실 무언가를 좋아하는 감정과 과정은 대부분 연애와 같다. 어떤 대상을 발견하는 건 좋아하는 사람을 바로 곁에서든 멀리서든 지나가면서든 보게 되는 것과 같다. 그 사람에게 다가가 썸 타듯 우리가 좋아하는 것에도 썸 타는 과정이 있다. 취미의 관점으로 보면 본격적으로 할 것인지 말 것인지를 가늠하는 시간이다. 그 끝에 내린 결론으로 무언가를 장만하게 되고 투자하게 된다.

그 사람과 사귀기 시작한 날을 "오늘부터 1일이에요."라고 말하는 것처럼, 내가 좋아하는 것을 작정하고 좋아해야겠다고 생각하는 날이 1일이다. 누군가를 좋아하고 사랑하게 되면서 겪게 되는 시간의 단계 역시 똑같다. 탐색전이 끝나고 본격적으로 좋아하는 불타오르는 시기를 지나면 권태기가 오고 이 권태기를 이겨내면 사랑은 더욱 단단해진다. 그렇지 못하면 연애는 끝이 나고 이별의 순간을 맞이한다. 헤어진 사람에게 가끔 전화 걸거나 문자 보내듯 내가 좋아했던 그것에 대한 기억을 꺼내기도, 그 증거물을 다시 살피기도 한다. 때론 재회하기도 한다. 다시 시작한다. 다른 사람을 만나봤지만, 역시 그가 최고였다. 이것저것 해봤지만, 다른 것에 빠져봤지만 이것만한 것이 없다.

'무언가를 좋아하는 것'이 연애와 가장 가까운 결정적인 증거는 아깝지 않다는 것이다. 투자 대비 성과나 인풋 대비 아웃풋을 계산할 필요가 없다. 돈도 시간도 그 어떤 노력도 아깝지 않다. 아낌없이 퍼주고 아무 대가를 바라지 않는다. 대가를 바라는 것은 정말 좋아하는 것이 아니다. 좋아한다는 구실로 손해 보지 않으려는 거래다.

연애하면서 가끔 이런 질문을 스스로 하게 된다. '나는 이 사람을 왜 좋아하지?' '나는 왜 이 사람에게 목숨을 걸지?' 이유는 수없이 많다. 누군가 물어봤다면, 아니 글로 정리해야 한다면 더 많을지 모른다. 세속적이지 않은 그럴듯한 표현으로 이유를 댄다. 나를 아껴주고 사랑해주고 이해해줘서 좋아한다고. 사실 무언가를 좋아하는 첫 번째 이유는 '그냥'이다. '그냥'보다 설명하기 좋은 단어는 없다. 그리고 '그냥'은 사실 원초적이고 본능에 가까운 감정이다. 논리나 과학으로 설명할 수 없는 솔직한 감정이다. 단지 이를 설명하기 위해 구구절절 근사한 단어들이 필요할 뿐이다.

이유가 명확하거나 멋있다고 좋아하는 마음이 커지지 않는다. 두 사람이 마주 보고 있다. 눈에는 서로를 얼마나 좋아하는지 투영하는 하트가 보인다. 좋아하는 이유가 굳이 필요한가? 그냥 좋은 것이다. 그냥 좋은 것이 진짜 좋은 것이다. 그냥 좋은 사람이 진짜 좋은 사람이다.

좋아하는 것은 가까이 있다

집 앞에 커피숍이 있다. 처음 생겼을 때부터 커피만 마셨으니 그러려니 했다. 그런데 얼마 지나서 간판을 보니 일본어로 '단팥'이었다. 벽에 걸린 설명과 사진을 봤다. 사장님은 일본 제과학원에서 공부한 분이었다. 그때까지도 나는 아이스 아메리카노만 마셨다. 좀 더 자세히 보기 시작했다. 어느 시인이 말하지 않았는가. "자세히 보아야 예쁘다. 오래 보아야 사랑스럽다."라고. 커피만 파는 곳이 아니었다. 단팥이 주재료인 일본식 찰보리빵 '도라야끼'를 비롯해서 '만주' '당고' '밤양갱' 등을 팔았다. 고양이 모양의 '모나카'도 있었다. 팥빙수와 과일빙수도 있었다. 하나씩 먹기 시작했다. 갈 때마다 다른 것을 주문했다. 매일 아침 출근길에 커피를 사러 들렀던 곳에서 다른 것들을 먹기 시작했다. 아침을 거른 날에는 요기로 좋았고 아침을 먹은 날은 디저트가 되었다. 커피만 좋아했던 내가 팥도 좋아하게 됐다. 팥이 좋아지니 팥죽도 좋아하게 됐다. 커피만 파는 커피숍으로 오해한 '단팥집' 덕분에 좋아하는 것들이 많아졌다. '팥 부자'가 됐다.

너무 가까이 있어서 때로는 너무 흔해서 그것이 얼마나 귀한지 망각하며 산다. 자세하게, 깊이, 오래 보지 않아서 그렇다. 그런 책이 있다. 늘 내 눈에 보였던 책인데, 제목과 저자도 익숙한데 아직 펼쳐 보지 않은 책이다. '좋아하는 것'은 일상이다. 아주 평범한 하루 안에 있다. 특별한 이벤트도 아니고 기념물도 아니다. 취미도 그렇다. 사전에서 취미는 '전문적으로 하는 것이 아니라 즐기기 위하여 하는 일'이라고 쓰여 있다. 즐거운 것은 모두 취미가 된다. 사전적 의미에 기대어 보면 '일이란 전문적인 취미'라고 해석할 수도 있으리라. 일이 즐겁다면 말이다.

좋아하는 것이 일이 되는 것이 가장 행복하다는 말은 역설적으로 일이 되면 좋아하기 힘들다는 말일 수도 있지 않을까? 누군가 "좋아하는 게 뭐예요?"라고 물으면 너무 멀리서 찾거나 특별한 것을 찾는 경향이 있다. 누군가를 처음 만난 자리에서 "뭐 하는 거 좋아하세요?" 또는 "취미가 뭐예요?"라고 물으면 정해진 답안지처럼 독서, 영화, 음악감상, 운동, 여행 중 하나로 답한 적이 있었다. 좋아하는 것들은 근사한 것일 필요는 없다. 청소, 정리 정돈을 좋아한다는 사람을 이해할 수 없었다. 나는 하기 싫은 일이니까. 그런데 좋아하는 것이 특별할 필요는 없다고 생각하니 청소도 재밌을 수 있겠다는 생각이 들었다. 어쩌면 취미라는 단어에 묶여 있는지 모른다. 특별하고 심미적인 무언가를 추구하는 취향을 취미라고 생각했으니까. 그냥 좋아하는 것이면 그게 취미다. 돈 버는 일이 아니면 그 어떤 것도 취미가 될 수 있다. 좋아하는 것은 우리가 생각하는 것보다 가까이 있다.

인생은 산책이다

인생은 나에서 출발해 나에게 도착하는 긴 산책이다. 살다 보면 만나게 되는 오르막과 내리막은 그 앞에 섰을 때 경사를 이겨내지 못할 것처럼 보이지만, 인생이라는 긴 선으로 그어 보면 그 굴곡은 평평한 선에 가깝다. 우리는 인생을 단거리 선수처럼 짧은 순간 최대 속도를 내며 달리기도 하고 마라톤처럼 끝까지 쓸 힘을 남기며 뛰기도 한다. 긴 여정으로 보면 우리 인생은 일정한 리듬으로 걸어가고 있는 산책이다.

산책은 앞만 보고 가는 걸음이 아니다. 고개를 고정하고 나아가는 전진도 아니다. 산책의 가장 좋은 점은 '두리번'이다. 산책하며 옆을 본다. 작은 가게나 카페를 보고 그 안을 들여다본다. 고개를 들어 하늘을 보기도 한다. 앞만 봤다면 보지 못했을 조각 같은 구름을 본다. 때론 뒤가 궁금해서 왔던 길을 돌아본다. 때론 바람처럼 스쳐 지나간 것을 다시 보기 위해 뒤를 돌아보기도 한다. 딱히 무언가를 찾으려는 것도 아닌데 두리번거리며 걸어간다. 인생도 이렇게 시선이 가는 대로 두리번거리며 걸어가는 것 아닐까? 산책은 여유 있는 행위이지만 비생산적인 행위는 아니다. 목적 없는 목적지라도 어딘가로 가고 있는 것이니까.

나는 여행 가거나 낯선 곳에 가면 꼭 산책한다. 일행이 있을 때도 혼자 길을 나선다. 여행지에 가면 평소보다 다리에 힘이 생기고 돌아다니고 싶은 충동이 나를 걷게 한다. 어느 한 곳에 앉아서 밖의 움직임을 관찰하는 것과 내가 움직이면서 정지된 것들을 관찰하는 것은 다르다. 나에게 보이는 것과 내가 보는 것은 다르다. 여행지에 가서 산책하면 작은 것들이 보인다. 작은 식당, 작은 카페, 작은 가게, 작은 길…. 차를 타고 있으면 볼 수 없는, 뛰어가면 볼 수 없는, 산책을 통해서만 볼 수 있는 작은 것들이다.

산책의 또 다른 즐거움은 '잠시 멈춤'이다. 힘들면 잠시 쉬면 된다. 이름 모를 벤치에 잠시 앉아 있으면 된다. 음료수 하나 사 들고 편의점 의자에 앉아 잠시 멈추면 된다. 산책은 목적지를 정하지 않는, 그래서 언제든지 멈춰 설 수 있고 돌아올 수 있는 '자유 걸음'이다.

어떤 의미에서 산책은 '발견'이다. 발견하려고 돌아다니는 것은 아니지만 발견되는 것이 있다. 어느 도시를 여행할 때였다. 그날도 어김없이 산책하고 있었다. '이 정도면 많이 돌아다녔네, 이제 호텔로 돌아갈까?'라고 생각하다가 조금 더 걷고 싶어졌다. 발길을 돌리지 않고 100미터 정도를 더 걸었더니 그곳에 구제옷가게가 있었다. 마음에 드는 아이템이 가득했다. 오래전부터 있었지만 발견하기 전까지 내게는 없는 곳이었다. 계획하지 않은 산책으로 발견하는 그곳이 나의 인생 핫플이 되기도 한다.

머리가 무겁거나 골치 아픈 일이 있을 때, 산책은 이를 치유해주는 처방이 되기도 한다. 이상하게 걱정이란 놈은 내가 몸을 움직이지 않을 때 커진다. 천천히 걷다 보면 걱정거리도 차분해지고 때로는 걸음 속에서 지금의 걱정을 풀 수 있는 지혜를 건져내기도 한다.

출근길은 일하러 가는 길이고 퇴근길은 집으로 가는 길이지만, 이 시간도 '산책'이라고 생각하고 걸으면 전혀 다른 것들을 느끼게 된다. 회사를 향한 빠른 걸음이 아니라 그 시간 그 풍경들을 두리번거리는 나만의 산책이라고 생각해보자. 인생이란 긴 산책길에 '산책하는 인생'을 살아보자.

내가 그리는 내 그림

나는 그림을 잘 못 그린다. 단 한번도 내가 그린 그림을 잘 그렸다고 생각해본 적이 없다. 무언가를 그렸던 기억도 아득하다. 그런데 광고회사에 다니다 보니 주변에 그림 잘 그리는 사람이 많았다. 미술 전공자들이 넘쳐났다. 그림 잘 그리는 사람을 보면 질투심이 생기고 재능 없음을 한탄하지만 가끔 한 장의 그림으로 나를 그려본다. 내가 가장 행복하고 멋진 순간을 그려본다. 이것은 자화상을 넘어선 '자뻑상' 쯤이다.

'마음으로 그려보는 나' 첫 번째는 나를 어느 공간에 넣을 것이냐다. 배경을 어디로 할까다. 도심일까? 집안일까? 사무실일까? 내가 제일 좋아하는 공간을 생각해본다. 나는 '발코니'를 좋아한다. 발코니는 건물에서 밖과 가장 가까운 공간이다. 발코니에 있으면 풍경이 한눈에 보인다. 무엇이 보이는 발코니인가. 두 가지다. 하나는 바다가 보였으면 좋겠다. 또 하나는 골프 코스가 보였으면 좋겠다. 에메랄드빛 바다면 더 좋겠지만 어떤 바다든 상관없다. 지금껏 다녀본 골프 코스 중 가장 좋아하는 코스거나 첫 번째 버킷리스트 코스가 보이면 좋겠다. 음악이 깔렸으면 좋겠지만 그림에는 음악이 나올 수 없으니 생략한다. 날씨가 좀 따듯했으면 좋겠다. 리넨(흔히 린넨이라 부름)으로 된 하얀 긴소매 셔츠의 소매를 살짝 접고 단추를 두 개 정도 풀어헤칠 수 있는 날씨면 좋겠다.

코스가 보이는 발코니라면 니트를 입고 있으면 좋겠다. 골프 코스와 어울리는 그린 컬러 니트도 좋고, 버건디 컬러도 좋다. 셔츠를 안에 받쳐 입은 겨자색 브이넥 같은 것도 좋아 보인다. 나는 풍경을 바라본다. 일어서기도 하고 앉기도 한다. 손이 허전하다. 이 멋진 풍경 앞에서 핸드폰을 들고 있을 수는 없지 않은가. 무언가를 마셔야겠다. 테이블에 술이 놓여 있어야겠다. 바닷가에서는 시원한 샴페인이 좋겠다. 난간에 살짝 올려놓을 수도 있겠다. 바닷가를 바라보며 샴페인을 마시고 있는 모습, 눈은 무언가를 응시하는 듯, 아무것도 바라보지 않는 듯 그렇게 서 있는 나, 내가 그리고 싶은 나다.

골프 코스가 보이는 발코니 테이블엔 스코어 카드가 있다. 펜으로 적은 옛날식 스코어 카드. 이 홀에서 '나이스 벙커샷이었지', 이 홀에서 '버디퍼팅 끝내줬지'라고 몇 시간 전을 회상하면서 나는 싱글몰트 위스키를 마신다.

이것이 내가 그리는 나의 그림이다. 적어도 지금은 그렇다. 언젠가 바뀔 수도 있는 그림이다. 지나치게 여유 있어서 다분히 한량처럼 보이는 이 그림이 내가 가장 행복하다고 느끼는 순간이다. 사실 그렇게 대단한 일도 아니며 엄청나게 돈이 드는 것도 아니다. 충분히 가능한 일이고 이미 했을 수 있는 일이다.

내가 들어가 있는 그림을 그려보자. 마음속으로 말이다. 어떤 공간에 들어가 있을 것인가. 어떤 시간에 들어가 있을 것인가. 그 시간 안에서 나는 또 어떤 시간으로 이어지는가. 내가 꿈꾸는 나는 생각보다 거창할 수 있지만 의외로 소박할 수도 있다. 중요한 것은 그것이 나라는 것. 우리가 가장 원하는 인생의 한 장면이 나를 가장 극적으로 보여준다.